「つらいから、会社やめます」が言えないあなたへ

心屋仁之助

宝島SUGOI文庫

宝島社

はじめに

この本を手に取っていただいて、ありがとうございます。

きっと真面目に頑張ってきたあなたなのだと思います。

でも、頑張っただけの評価や報われた感がない人もいるのではないかと思うのです。成果を出しても、評価されないし、さらに求められる。成果を出せたのならまだいいけれど、どれだけ頑張っても結果を出せない、なんていう地獄をさまよっている方もいるかもしれないですね。

だから、もっと頑張らなければと自分を鼓舞し、そして、どこまで頑張ればいいのかと自問自答しながら、日々なんとか自分を保っている、そんなギリギリの方もおられると思います。

本当は、もっとラクしたいし、実際にラクして楽しそうにしている人もいる。でも、元来真面目なあなたは、サボるなんてできないし、仕事を投げ出すなんてできないし、人に迷惑なんてかけられないし、「できない」なんて言いたくない……ですよね。

こんにちは、心理カウンセラーの心屋です。

実は、僕も会社員生活を19年、ここまで書いたような感じでやってきたのです。そう、「頑張る」しか知らなかった。

で、カウンセラーとして活動してみて分かったことがあります。このような悩みを持っている人の共通点。それは「頑張らねば」と思っていることです。

で、答えだけ先に言います。あなたはその答えを聞いた瞬間「それはないわ～」「それができないから困ってるんだ！」という怒りや悲しみが湧きます。いいですか、湧きますよ。それでも言います。それが「あなたにとっての答え」だから。

「できません」「無理です」「やりたくないです」「嫌です」と、言うこと。仕事を投げ出すこと、サボること、手を抜くこと、人に迷惑かけてでも断ること。

どうですか。予告どおり、怒りや悲しみが湧いてきたと思います。以前の僕もきっと同じ気持ちになったと思います。ひどいですよね、そんな人になりたくないですよね、それだけはダメですよね。

でも「だから苦しい」ということも知っていてください。ここに挙げたことをしないで、ラクになろう、なんて無理なんですよ。つまり「嫌われないように」と、自分を守ったまんまで、どんどん「自分らしさ」から離れているから苦しいんです。

この本は、そんな頑張り屋さんのあなたをラクにしたくて書いています。それは、僕がラクになった方法でもあり、多くの方をラクにしてきた方法です。

この本であなたに「会社を続けるべき」だとか「やめるべき」だなんて言うつもりはありません。ただ、これをまずやってみたら、もしかしたら職場の様子が変わって、やめなくてもつらい状況を脱せるかもよ、ということをお伝えしたいのです。そして、それでもダメなら、無理に今の会社にしがみつかなくてもいいんじゃないか、とも。

ただ、この本には、あなたにとっては「あり得ない」「それはない」「バカなことを言うな」という内容が満載です。

だけど、よく考えてみてほしいのです。

あなたが、今まで良いと信じてきたやり方のまんまで頑張ると、今の状況が悪化するだけなのです。

もし、あなたが人生を変えたかったら、大きく変えたかったら、大逆転させたかったら、ラクして、楽しく、感謝されながら、認められながら、愛されて、豊かになりたかったら‼

今やっていることとの「真逆」をやってほしいのです。今やっていることとの真逆をやれば、人生は「今の真逆」、つまりラクに認められて自由で豊かになる、のです。

怪しい宗教みたいなことを言っていると思います。まったく信じられないと思います。だから、信じなくていいんです。人生を変える答えは、そのパンドラの箱の底に眠っているのです。そこに「本当の自分」「自分らしさ」という宝物が眠っているのです。

さてさて、どういうことなのか。つまり、信じられないまんまで、へー、ホー、と言いながら読み進めてみてください。で、信じられないことなので「納得」も「理解」もできないと思います。できなかったら、できないでいいです。でも、確実に

「光」は見えてきます。

逆に、簡単に信じられることなら、もうあなたの人生は大きく変化していると思うんです。苦しんで、迷って、人生を探しているうちに、今、あなたは心屋に出会いました。でも、信じられなくて、怒りが湧いて、一度はこの本を投げ捨てることもあるでしょう。

それでいいです。なぜなら、この本に出会ったあなたは、最後はどう転んでも「笑顔」になることを僕は知っているから。あ、すみません、また怪しかった（笑）。

では、まずはマンガなどを使いながら、パラパラと「自分を知る旅」に一緒に出かけていきましょう。

ズ〜…ン

あなたの職場でこんな問題、
起こっていませんか？

あなたが職場にいるのが
つらいと感じているとしたら

こんなところに
理由があるかもしれません。

CASE.1

入社５年目の営業担当。

営業成績もまずまず。
でも、トップ５に
食い込めないのが悩み。

大学時代は
ワンダーフォーゲル部にいたが、
最近は週末ゴロゴロ
していることが多い。

人当たりが良く営業先でも
可愛がられる。

頑張り屋さん

セリ夫（27）の場合

なら頑張らないと！
ハイ大丈夫です！
隣のアプ子も頑張ってるしな
カタカタカタ
じゃお先～
おつかれちゃ～ん
えっ
俺はまだ終わってないのに……
見積
なんだよ～早く帰れるんなら自分でやりゃいーじゃん
俺だって企画書やんなきゃいけないのに……

や後輩のより俺のほうが頑張ってるのに……
うおおおおお
カタカタ
カタカタ
カタカタ
カタカタ
営業成績を挙げるのはあいつら！
なんで！
頼まれた見積書やっと終わった……
ん？
ポーン
からメールだ
from ピラ野
忘れてたけど
コレも明日までに
シクヨロ☆
ウソでしょ
も〜〜〜なんだよ〜〜〜
これから自分の仕事やろうと思ってたのに〜〜

でも認められるにはもっと頑張らないと……
カタカタカタ
でも全然結果が出なくて……
だからもっと頑張らないと
カタカタカタカタ
もっともっともっともっと……
翌朝
できてまーす……
えっ徹夜したの？
泊まらないとできないならさ～
できないって言ってよ～
そしたら他の人に頼んだし！
なんだ……
ズ～…ン
できないって言ってよかったのか……

CASE.2

事務職として勤務し、現在３年目。
仕事はマイペース派。
海外ドラマにハマり中。
計算は苦手だが記憶力が良く、資料のありかは社内の誰よりも把握している。
ケアレスミスが多いことを自覚しており、何度も確認するので時間がかかる。

おっとりさん

アプ子(25)の場合

あ〜……
また
やっちゃった
なんでなんだろ……
やる気は
あったのにな
……
コレ
お願い
コレなら
間に合うな
ハイ
大丈夫です
でも実際手を
つけてみると……
アレ？全然
終わらない……
ああ〜
時間だけが
過ぎていく〜
そして結局
終わらず……
すみません
すみません
できないなら
最初から
言ってよ！
すみま
せん!!
どうして
いつもこう
なんだろう
……

今度は間に合わせなきゃ……
あーでも一人じゃムリ……
アセ
アセ
あの〜……ピラ沢くん
ハイ
コレ手伝ってくれないかな……
キッパリ
ムリです
ええ〜即答〜……
そっか〜わかった〜大丈夫〜……
そんなさわやかに……
なによ〜
なんで断れるの？私はガマンしてやってるのに……
カタカタ
じゃお先〜
おつかれちゃ〜ん
あーピラ野さんも帰ってくな……

よし次!!
次!!
カタカタ
カタカタ
セリ夫先輩はあんなにテキパキ仕事してるのに……
それに比べて自分は……
もっと頑張らないと!
よーしやるぞ!
パンッ
でもそう思えば思うほど余計にあせっちゃって……
ヒー終わんない～
やる気が空回り～～～
も～どうしたらいいの～～～!?

いかがでしたか？
あなたが抱えている問題と、
似ているところはありましたか？

二人とも、ものすごく
頑張っているのに、認められない。

そして自分に自信を持てず、
悩んでいますね。

どうしたらこのつらい状況を脱せるのか、
心理カウンセラーの僕と
一緒に考えてみませんか？

もくじ

第3章 違うタイプの人と楽しく働くために

第4章 「頑張らない人」になるトレーニング

第5章 解決しないならやめちゃおう

第1章

職場は二種類の人間でできている

頑張っているのに報われない 病みそうなのにやめられない

これまで僕は、カウンセリングやセミナーを通じて、多くの人の仕事にまつわる悩みに接してきました。

仕事が原因で追い詰められているのに、それでも会社をやめられないという人も、たくさん見てきています。

実は、僕自身、19年間勤めた会社をやめた経験があります。

仕事がキツい、会社に行くのが楽しくない、頑張っているのに、目の前が全然明るくならない。

そんな毎日をすごしていました。

だから、仕事がつらい理由も「会社をやめたい」という人の気持ちも、痛いほど分かるつもりです。

きっと、この本を手に取ってくださったあなたは、すごく頑張っている人なんだと思います。

冒頭の漫画の主人公のように、必死に頑張っているのに報われない。

だから、つらいんですよね。


つらいから「会社をやめちゃえばいいや」と思える人ならいいのですが、真面目な人ほどそんな気楽に決断できません。

生活のこと、将来のこと、想像すればするほど恐ろしくて、「だったら今のままのほうがマシ」と考えてしまうんですよね。


つらくて病みそうなのに、やめられない。

それなら、まずは、今の職場で生き生きと楽しく働く方法を考えてみませんか。

「仕事って、全然つらいものじゃないんだ」

「もっと楽しんでいいんだ」

そう思えたなら、つらい日々から、きっとあなたは解放されることでしょう。

仕事の悩みの根底にあるのは二つの「OS」

仕事がつらい。
職場から逃げたい。
会社をやめたい。
あなたがそう思う原因は、いったいなんでしょうか。

やってもやっても終わらない膨大な仕事量。
暴言を吐く上司。
仕事を押しつけてくる先輩。
言うことをきかない後輩。
いっこうに上がらない自分の業務成績。
仕事がつらい理由は、人それぞれ、いろいろあるでしょう。

ですが、これらすべての根底には、あるものが共通してかかわっています。

それは、自分や周囲の人の「ＯＳ」。

いったいどういうことか、少し説明させてください。

これは僕の独自理論なのですが、職場には、大きく分けて二つのタイプが存在しています。

一つは、理解能力が高くて、テキパキと仕事をこなせるタイプ。

過去の経験にもとづいて計画を立てたり、リスクを想定したりするのが得意な戦略的なタイプといえます。

もう一つは、マイペースで要領はよくないけれど、集中力がずば抜けていたり、特定のことに対して高い能力を発揮するタイプ。

ユニークなアイディアを思いつくなど、ひらめきに長《た》けたタイプです。

ですので、この本では、前者を「戦略型」、後者を「ひらめき型」と呼んでいきたいと思います。

なぜこの二タイプに分かれるのかは、正直なところ僕にもよく分かりません。

ただ、さまざまな人を見ているうちに、このタイプはどうやら持って生まれたものだということは分かってきました。

「こっちのタイプは嫌だ！」と思っても、一生変えることができない人間のベースのプログラム――つまり、パソコンで例えるなら、WindowsやMacといったＯＳのようなものなのです。


巻頭の漫画では、頑張り屋のセリ夫さんが戦略型で、おっとりタイプのアプ子さんがひらめき型に当たります。

二人とも仕事に対する悩みを抱えていますが、その悩みの質は少し異なっていますよね。

たとえば、戦略型のセリ夫さんは、ある程度仕事がこなせて周囲からも認められているのに、他の人たちと自分を比較して「もっと頑張らなければ」と、仕事をたくさん抱え込んでオーバーワークになってしまっています。

一方、ひらめき型のアプ子さんは、やる気はあるけれど、時間のやりくりがうまくできなかったり、怒られるとパニックになってしまう。

さらに、戦略型のセリ夫さんのようにテキパキと仕事ができないことに落ち込んで頑張ろうとするものの、空回りしてしまっています。

この悩みの質の違いこそ、ＯＳの違いからくるものなんです。

あなたは戦略型？　ひらめき型？

では、あなたのＯＳは戦略型とひらめき型、どちらでしょうか？
いくつか両者の傾向を挙げてみますね。

●戦略型

・ものごとに取りかかる前に、まず段取りを考える
・リスク管理が得意で、ことを起こす前にあらゆるリスクを想定する
・仕事はもちろん、行動のすべてにおいて効率を優先
・どんな仕事でも、たいていは一度説明を聞けば理解できる
・子供の頃から「要領がいい」と言われてきた
・喫茶店などで、周囲の客の会話を聞いている（そのつもりはなくても、なぜか耳に入ってくる）

・テレビを見ながら爪を切る、食事をしながら本を読むなど、複数のことを苦もなく同時進行できる
・他人の行動を見て、「どうしてこんな無駄なことばかりやっているの？」と疑問に思うことがある

●ひらめき型

・段取りや効率のいい方法をあまり考えられず、無駄な動きが多い
・同じ失敗を何度もしてしまうが、失敗の原因がよく分からない
・温泉に浸かる時に、何もせずにボーッと浸かっていられる
・料理をする時に、味見をしない
・一つのことに夢中になると時がたつのを忘れて没頭し、周りが見えなくなる
・入浴中、シャンプーしたのかどうかよく忘れる
・歩いている時に、よく鳥のフンを落とされる
・自分でも気づかないうちに、体にアザができていることがある
・「寝坊をした」「電車が止まった」など決定的な原因がないのに、なぜか遅刻して

しまう。時間を逆算できない

自分がどちらのタイプかが分かったでしょうか。

「私は仕事においては効率を優先しているけど、プライベートでは効率を意識していない」とか「味見はするけど、シャンプーの流し忘れはしょっちゅうある」という人もいると思います。

これは、あくまでも「傾向」であり、きっちりと分かれるものではないので、参考程度にしてください。


そこで、この二タイプを見分ける唯一の方法を紹介しましょう。

それは、「頭が真っ白になる」「意識が飛ぶ」という経験があるかどうか。

「頭が真っ白になる・意識が飛ぶ人＝ひらめき型」

「頭が真っ白にならない・意識が飛ばない人＝戦略型」

です。

たとえば、仕事でミスをしてしまった時や、上司に怒られている時にパニックで頭が真っ白になった経験はありませんか？

仕事中に「私、タイムスリップしたの？」と思うほど時間がたっていたことはありませんか？

みんなで話している時、話を聞いているつもりなのに、なぜか頭が真っ白になって（意識が飛んで）いて、何の話題をしていたのか分からなくなることはありませんか？

これに思い当たるフシがあるなら、ひらめき型。

一方、このような経験がまったくなければ戦略型だといえます。

たまに、「真っ白じゃなくて真っ黒になる」とか、「突然シャッターが閉まるような感じ」などの表現をする人がいますが、僕から見ればこれらはすべて同じ状態です。

他にも、「時が止まる」「アワアワする」「フリーズする」などの表現も同じといってよいかと思います。

戦略型の人はそうならないのです。

なんでそうするの？
なんでこうしないの？

そもそも、なぜ僕がこういうことを考え始めたのか。

理由は、うちの妻の言動に理解できないことが多かったから。

その真意や意図を知りたくていろいろと研究したことがきっかけでした。

というのも、戦略型——いわば「常識型」の僕から見て、妻の言動は「なんでそんなことするの⁉」「なんでこうしないの⁉」「普通こうでしょ」という「僕の常識」を覆すことが多かったからなのです。

お風呂に入る時にひと声かけない、話しかけても返事をしない、飲みに出かけると時間を忘れて帰ってこない、旅行先でも一人で出かけようとする、とか……。

僕は、それらの行動に最初は「悪意」を感じていました。

「無視してる⁉」「バカにしてる⁉」なんて。

でも、妻にそう尋ねてみても「？？？」と要領を得ない。

さらに、頼みごとをしたりしても、まったくできていなかったり、僕が頼んだ方法とはまったく違うやり方だったり。

僕の頭は「なんで⁉」でいっぱいになってしまったわけです。


あなたの会社でも「理解できない行動」や「言ったとおりにやらない」ことが多い人、「もしかしてバカにしてる⁉」と思うような人はいませんか？

また逆に、自分はちゃんとしているつもりなのに、よく「バカにしてるでしょ⁉」「どうして言ったとおりにやらないんだ？」などという怒られ方をする人もいると思うのです。

僕の妻の場合は、僕がそう言って怒ったりすると、どうやら頭が真っ白になるみたいで、結局なんにも分かってもらえない。

僕はそのことにずいぶんと頭を悩ませていたのです。


一方の僕は、戦略型人間。

頭が真っ白になった経験はないですし、割となんでも「ちゃんと」できてしまう。

だから、僕のような戦略型常識人から見ると、妻のようなタイプの人は「非常識」「ちゃんとできない」と受け取られがちです。

そして、「おかしい」がすぎれば「ＡＤＨＤ（注意欠如多動性障害）」「ＡＳ（アスペルガー症候群）」というような病名を戦略型の人間によってつけられてしまう。


いいえ、違うのです。

ただＯＳが「違う」だけなのです。

どちらが正解でもないのです。


あなたも自分や周囲の人の行動を振り返ってみて、似たような経験はないでしょうか。

うちの妻の例は少し極端だったかもしれませんが、それほど「戦略型」と「ひらめき型」の二つのタイプは、考え方も行動もまったく違うということ。

外見は「人間」という同じパッケージでも、中に入っているＯＳが違うのだから、仕事の進め方や、人との接し方だって違っていて当然なのです。

先ほど挙げた例の他にも、うちの妻はご飯を炊く時、水の量をよく間違えたり、味見をしないので奇妙な味の料理ができあがったりします。

その一方で、習い事の大御所の先生など、とてつもない人と親しくなったりします。

これらの妻の不思議な言動から考察を始め、周囲の人にヒアリングをしていった結果、「人間には、戦略型とひらめき型がいる」という理論に辿《たど》りつきました（心屋のブログでは「前者・後者」という表現をしています）。

そして、この二つのタイプは「自分らしく働くこと」に、とても深くかかわってくるのです。

ミラクルを起こす「ひらめき型」
過去の蓄積を生かす「戦略型」

この二つのタイプについて、もう少し説明しておきましょう。

ひらめき型の人は、新しい企画を考えたり、これまでになかったものを提案するのが得意です。

つまり、0を1にできるタイプといえます。

ただ、ひらめき型は、アイディアは浮かんでも実現する方法が分からなかったり、不可能と思われる方法ばかり考えたりします。

というよりも、実現できるかどうかは関係なく、やりたいと思ったら「これ、やりたい！」とつい言ってしまう。

なので、会話をしていても会話の流れよりも、「自分が聞きたい＆話したい」という感情が優先。

だから、「空気が読めない」と言われたりもします。

あなたの周囲にも、会話の流れに関係なく突然まったく違う質問をする人、いませんか？

周りからすると「どうして今、その質問をするワケ？」と思うのですが、本人にしてみれば「聞きたいから聞いただけ」であって、特に意図はありません。

さらに、質問した段階ですでに興味がなくなって、相手に聞いておいたにもかかわらず、その返答は聞き流してしまっていたりする人もいます。

でも、本人に悪気はないのです。

「おもしろそう」「やってみたい」を行動のモチベーションにするひらめき型は、驚くような結果を出すことがあります。

たとえば、「この会社は無理だろう」と誰もが思っていた企業にさほど深く考えずに営業に行き、「なんか、契約取ってきちゃいました！」というミラクルを起こす人、いませんか。

これは、深く計算せず、「やってみたい！」「できると思う」だけで突き進むひらめき型ならではの特徴といえるでしょう。

一方、戦略型は、1を2にするのが得意なタイプ。

過去の経験をもとに分析し、行動するタイプで、ことを起こす前にあらゆるリスクを想定することができます。

過去の経験から学ぶタイプなので、これまでにない新しいものを生み出したり、みんなの想像を超えるようなミラクルを起こすのは苦手かもしれません。

でも、蓄積されたノウハウの中から最適な方法を選んだり、さまざまなノウハウの良い部分を組み合わせるなどの工夫に長けているので、他の誰か（ひらめき型の人）が考えた新しいアイディアを形にする方法を考えるのは得意です。

戦略型の大きな特徴といえるのが、時間やお金の効率をとても重視しているということ。

「どのルートを通れば最短時間で辿りつけるか」「どの方法なら予算が無駄にならないか」など、効率を常に考え、効率が悪いことで「損」をするのを嫌います。

また、ものごとの筋道を立てながら行動しているのも特徴の一つ。

人と話をする時は「今、どんな話をしているか」をきちんと把握し、話題を変える時は、「そういえば、先日の○○の話なんだけどね」などと前置きをしたり、相手が話を理解できていないと判断すれば、「これは、△△ということだよ」と補足したり。

こういったことをさほど意識せずにできるのがこのタイプです。

戦略型とひらめき型、どちらが良くてどちらが悪い、ということはありません。どちらにも、それぞれの良さがあります。

ただ「違う」だけです。

ひらめき型がいることで斬新な商品やサービスのアイディアが生まれる一方、戦略型がいることで、ひらめき型の思いつきを実現化したり、業務を効率化することが可能になるからです。

二つのタイプがうまく組み合わさって、職場は回っているのです。

第2章

自分以外の誰かを目指すのは、もうやめよう

つらいのは、違うタイプを目指すから

第1章で紹介した、戦略型とひらめき型の見分け方で、「私は、怒られた時は真っ白になる。でも、仕事の時は、最初に段取りを考えるように頑張っている。いったいどちらのタイプなの？」などという人もいるかもしれません。

このような人は、「本来のタイプ」に「別のタイプ」を上乗せしているパターンが考えられます。

どういうことなのか、お話していきましょう。

さきほど説明したとおりパソコンに例えると、戦略型、ひらめき型という本来持っているタイプは、WindowsやMacといった「OS」です。

でも、人によっては（というより、「多くの人が」といったほうが適切かもしれませんが）、育つ過程で、本来のOSの上にもう一方のタイプのアプリをインスト

ールしようとしているのです。

つまり、本来ひらめき型の人が「戦略型アプリ」を搭載しようとしたり、本来戦略型の人がひらめき型に憧れ、「ひらめき型アプリ」を積んでいると思い込みながら、ますます「戦略型アプリ」を搭載するということ。

実は、冒頭の漫画の主人公二人は、まさにそれぞれアプリを搭載している状態なのです。

どういうことなのか、もっと詳しく説明していきましょう。

●ひらめき型が「戦略型アプリ」を搭載すると……

ひらめき型は、話を聞いている最中に別のことに意識が飛んで「頭が真っ白」になったりするので、話をよく理解できていないことがあり、同じ失敗をしがち。

そのため、上司や先輩に怒られ「自分は仕事ができない」という劣等感を持っています（実は子供の頃から）。

また、時間の見積もりが甘いので、基本的には「自分が120％の力を発揮して仕事に集中した場合」をベースに仕事の進行を考えてしまいます。

でも、実際には電話応対をしたり休憩したりして、時間のロスが生じますよね。集中力だって何時間ももつワケではないので、だんだんペースが落ちてきます。

でも、ひらめき型はそのようなことを考慮できないので、気がつけばタイムアウト。

「あれ、どうして時間どおりに終わらないんだろう?」と考え込んでいるうちに、「今日中に終わらせるって言ったのに、どうして終わってないんだ!?」などと怒られるハメになってしまいます。

そこで、戦略型アプリをインストールし、「テキパキ仕事をする人」を目指します。

戦略型のようにテキパキしている人のやり方をマネしたりして、効率よく仕事しようと努力しますが、キャパオーバーでパニックに陥ってしまいます。

それでも、「頑張らなければ認めてもらえない」という強迫感や「できないのは努力が足りないから」という思い込みから、オーバーワークでヘトヘトに。

さらに悲惨なのは、戦略型アプリを搭載したことによって、本来持っていた自由な発想力やフットワークの軽さなどの長所が封じ込められてしまうこと。

本来持っている長所を生かして仕事をすれば、戦略型の人が成しえないような結果を残すこともできるのに、「今のままの自分じゃダメ」という劣等感にとらわれるあまり、そのことに気づいていません。

だからますます結果が出せなくなり、「頑張らなければいけない」と思えば思うほど追い詰められてしまうのです。

●戦略型がさらに「戦略型アプリ」を搭載すると……

戦略型の人は、基本的になにごとも要領よくこなせます。

職場でも「仕事が早い」と一目置かれている存在かもしれません。

ですが、仕事ができるがゆえに、次々と仕事を押しつけられがち。

やっかいなことに、戦略型には「頑張ればできる」という自負もあるので、周囲に認められようとひたすら努力してしまいます。

さらに、戦略型を悩ませるのが、ひらめき型の存在。

戦略型から見れば、彼らはすごくゆる〜く仕事しているように見えるのに、驚くような結果を出したりします。

そのため、「私ももっと努力すれば、あのぐらいの結果が出せるかも」と思い込み、さらなる「努力」でミラクルを起こそうと考えます。

でも、ひらめき型は、深く考えずに行動しているからこそうまくいくことがあるのに、戦略型はそれに気づきません。

緻密に計画を練っているうちに、どこかで無理が生じて、「どうして私にはミラクルが起こせないの？」と劣等感を持つようになります。

野球に例えるなら、ピッチャーもキャッチャーも内野も外野もできて、ヒットもバントも打てるスーパーマンなのに、「どうして私は逆転満塁ホームランが打てないの？」と嘆いているようなもの。

それなのに、自分のすばらしさに気づかず、「逆転満塁ホームランが打てないのは、努力が足りないから」と思い込んで、さらに自分を追い込んでしまうのです。

それぞれが戦略型アプリをインストールしてしまうのには、学校教育やしつけも大きく関係していると僕は思っています。

学校教育やしつけが、戦略型のように「ちゃんとしている」「速くこなす」ことがすばらしいと捉え、そういう人を育てる仕組みになっているからです。

両者に共通して言えるのは、別のタイプを目指したばかりに仕事がつらくなっている点です。

戦略型にもひらめき型にも本来持っている長所があります。

それなのに、別のタイプを目指すことで本来の良さが消えてしまい、ものごとがうまく運ばなくなってしまうのです。

でも、当の本人は「今の自分じゃダメなんだ」と思い込んでいるので、そのことに気づけません。

こうなると、

「頑張り続ける→それでも、理想どおりの自分になれない→つらい→もっと頑張る」

という負のループが完成してしまうのです。

別の自分を目指す原因は「劣等感」と「罪悪感」

では、どうしてアプリを搭載して、別のタイプを目指そうとしてしまうのでしょうか。

そのキーワードになるのが、「劣等感」と「罪悪感」です。

戦略型にしろ、ひらめき型にしろ、今の自分を丸ごと受け入れられれば、「ずば抜けた営業成績は出せないけど、このぐらいでいいよね」とか「段取り悪いって言われるけど、しょうがないよね」と開き直れますよね。

ですが、心に劣等感や罪悪感があると、「こんな自分ではいけない」と自分を否定してしまうのです。

「でも、この性格は生まれ持ったものだから……」と思った人、それは違います。

生まれた時は、誰もが劣等感や罪悪感とは無縁だからです。

だって、生まれてすぐに「オムツにうんちをしちゃうのは、自分のデキが悪いからだ」とか「『おっぱいが飲みたい』って泣いたら申し訳ないなぁ」なんて思っている赤ちゃん、いるわけないですよね（笑）。

それなら、あなたの中にある劣等感や罪悪感は、いつから芽生えたのでしょうか。

多くの場合、お母さん（お母さんがいない場合は、お母さん代わりの存在の人）との関係にあると僕は考えています。

と言われても、あまりピンとこない人もいるかもしれません。

でも、とりあえず読み進めてくださいね。


たとえば、テストでたったの20点しか取れなくても、「20点取れたね！」とお母さんに喜ばれたなら、20点でも自分を肯定できる人になります。

一方、99点でも「どうして１００点じゃないの⁉」とがっかりされたり怒られたりしたなら、99点でも自分を否定する人になります。

もちろん点数は例え話ですが、要は「どこまでやったらお母さんが喜んでくれたか」「何をしたらお母さんががっかりしたり、怒ったりしたのか」が、今のあなたに大きく影響しているということなんです。

ちゃんとお行儀よくしなきゃダメよ。
のんびりしていないで、急がないとダメよ。
お勉強も、運動も努力しなきゃダメよ。
お友達に嫌われるようなことをしちゃダメよ。
お兄ちゃんなんだから、しっかりしなきゃダメよ。

そんなふうにお母さんに言い聞かされて育ってきた子は、自分でも意識しないうちに、お母さんの評価を求めて頑張るようになります。
でも、頑張った結果に対してお母さんが喜んでくれなかったり、がっかりしたりすると、「自分はもっと頑張らないといけない」とか「今のままじゃ価値がない人間なんだ」と考え、さらに頑張ろうとしてしまいます。

これが、あなたが持っている劣等感や罪悪感のおおもと。

こうして仕入れた「今のままの自分じゃダメなんだ」という意識は、大人になっても消えることなく、どんどん熟成されていきます。

そして、社会に出た後に、別のタイプを目指す大きな要因になってしまうと思うのです。

あなたを苦しめる「人生最大の勘違い」

親の顔色を気にすることが、社会に出ると、上司や先輩など職場の人の顔色を気にすることにつながります。

職場で嫌われちゃいけない。

のんびりしていないで、急いで仕事をしないといけない。

頑張っていい成績を挙げないといけない。

そうしてムクムクと成長した劣等感や罪悪感が、「もっと頑張らないと」と、あなたにプレッシャーをかけていきます。

もし、「あなたはこのままでいいのよ」と、子供を丸ごと肯定するようなお母さんだったら、劣等感も罪悪感も背負わず、人の顔色なんて気にしない人間になっていたのかもしれません。

そのような人は、社会に出た後も、なんの根拠もなく「自分は大丈夫」だと思っていたりします。

このように罪悪感や劣等感を背負っていない人（かなり少数派ですが）を「オーガニック」と僕は呼んでいます。

冒頭の漫画でいうピラ野さんやピラ沢くんのような人ですね。

「オーガニック」は、戦略型やひらめき型といった生まれ持ったOSの上にアプリを積んでいない人。

育つ過程で罪悪感や劣等感を仕入れないまま大人になった人です。

罪悪感がないから、仕事を断っても「悪いな」と思うこともなく、劣等感がないから「頑張らなきゃ」と追い詰められることもなく、サッサと帰ることができる。

自分のことを丸ごと肯定しているので、他人から嫌われることも怖くない。

セリ夫さんやアプ子さんに比べ、実にのびのびと楽しそうに仕事をしています。

私たちが目指すべきは、そう、ピラ野さんやピラ沢くんのような人なのです。

一方、劣等感や罪悪感を背負い込むと、うまくいった時にしか自分に自信が持てなくなります。

裏を返せば、うまくいっていない時の自分は好きじゃないということ。
なので、うまくいかない時は、ひたすら反省や自分責めを繰り返します。
そして、いつまでも自分にＯＫが出せない。
ここにも、おおもとには、幼少期からのお母さんとの関係があります。

テストで１００点が取れなかったから、お母さんが喜んでくれなかった。
お母さんがため息をついた、お母さんに怒られた。
迷惑をかけて、がっかりさせてしまってごめんなさい。
お父さんとケンカして、お母さんがかわいそう。
もっともっと頑張って、できる子にならなくちゃ。

でも、本当にそうなのでしょうか。
よくよく考えれば、お母さんが本当に悲しいのか、かわいそうなのかは、本人しか知り得ないこと。

なので自分を責めたり、さらにはお母さんを責めたりするのはおかどちがい。

それなのに、あなたは「お母さんはかわいそう」と「勝手に」思い込み、その原因が自分にあると、「勝手に」決めてしまったのではないでしょうか。

そして、「かわいそうなお母さん」を喜ばせなければならないという「義務」を、これまた「勝手に」背負い、「迷惑をかけない」「がっかりさせない」ために頑張らないといけない。

そうしないと、お母さんに見捨てられる。

この壮大な思い込みのストーリーが、あなたの心の中で展開されているのです。

ここで一つ、譬《たと》え話をしましょう。

あなたが納豆になったと想像してください。

納豆になったあなたは、スーパーの陳列棚に並んでいます。

そこに、あるお客がやってきて

「うわ～、納豆なんてクサくて食べられんわ！」と、あなたを見るなり、眉をひそめて去っていきました。

次にやってきた客は「おいしそう！」と、あなたを買ってくれました。

でも、あなたの心からは、「クサくて食べられない」とけなされたことが消えません。

私はクサイから嫌われた。

みんなに好かれるためには、どうしたらいいんだろう。

もっと小粒になればいいのかな。

いや、それとも原料から見直さないといけないかしら……。

そんなことを考え、におわない納豆、嫌われない納豆になるための努力を一生懸命重ねる——。

と、ここまで読んでどう思いましたか？

「いやいや、納豆は悪くないよ。最初のお客が、たまたま納豆嫌いだっただけで、におわない納豆になるための努力なんてする必要ないでしょ！」

と思いませんでしたか？

そのとおりなんです。

つまり、納豆はそもそもにおいがする食べ物であって、何か悪いことをしたわけじゃない。

たまたまそのにおいを嫌う人がいただけのことなんです。

なので、自分を責めて反省しまくっている納豆は、なんだか滑稽に思えますよね。

このにおいを「欠点」とか「短所」と呼び、納豆はその欠点を消そうとします。

でも、本来、納豆好きの人はにおいも込みで好きなはず。

においを消すことで、納豆好きの人までも去ってしまいます。

今のあなたも、この納豆と同じ。

自分は何も悪くないのに、「嫌われるかもしれない」「私はダメな人間だ」「頑張って別の人にならなくちゃ」と思い込んでいる。

常に周囲の顔色をうかがい、少しでもイラッとした顔をされたら不安になる。

でも、これはあなたの人生で最大の勘違いです。

そして、この大きな勘違いから抜け出すことが、自分を肯定し、自分らしく働くためのカギなのです。

「根拠のない大丈夫の樹」を心に育てよう

仕事のつらさから脱出するには、第一にあなたが今背負っている劣等感や罪悪感を拭い去ることが欠かせません。

まずは、「お母さんにがっかりされる」「お母さんに申し訳ない」という「お母さん基準」を捨て去りましょう。

そのためには、「親不孝」をすることをおすすめします。

親不孝といったって、大それたことをするわけじゃありません。

お母さんからのメールを返さない、電話に出ない、冷たくしてみる。

お母さんに喜ばれるために一生懸命やっていたことをやめてみる。

そんなことでいいんです。

実際にやってみると、こんなことぐらいではなんの問題も起きないことに気づくことでしょう。

お母さんに褒められようとしなくていい。

お母さんをがっかりさせたっていい。

たくさん心配かけたっていい。

そうやって、あなたがずっと抱えてきた「お母さん基準」から一つずつ抜け出してください。

お母さん基準から脱すると同時に、自分を肯定し、受け入れる方法があります。

それは、

「今のままの自分で大丈夫」

と思うこと。

あまりにも単純すぎてビックリされるのですが、この「大丈夫」の効果は絶大です。

こう言うと、必ずといっていいほど「今の自分で大丈夫な根拠はなんですか？」と聞かれるのですが、根拠なんてものはありません。

「大丈夫だから」なのです。

もし「大丈夫な根拠が私には見当たらないから、大丈夫なんて思えるわけがない」と考えるのであれば、それはあなたが求めている「大丈夫」のレベルが高すぎるだけです。

合格点を高く設定している人ほど、自分を受け入れられずに苦しみ続けてしまいます。

だから、まずは、あなたの中の合格点をグーッと下げてみてください。

そして、「こんなもの」だと自分を認めてしまいましょう。

あなたは「こんなもの」だけど、それでも「大丈夫」なんです。

一つだけ注意してもらいたいのが、「大丈夫＝うまくいくこと」ではないという点です。

「うまくいくこと」だけが「大丈夫」なのだと誤解していると、結局、ものごとが思いどおりにいっている時しか自分に自信を持てません。

何か壁にぶつかった時に、たちまち「大丈夫」ではなくなってしまいます。

条件によって左右される「大丈夫」は苦しいということです。

大切なのは、「うまくいくことも、そうじゃないこともある。でも、全部ひっくるめて、何があっても自分は大丈夫」と信じることなのです。

そうやって「根拠のない大丈夫の樹」が心の中にしっかり育つと、別のタイプを目指す理由がなくなります。

職場の人にバカにされたって大丈夫。

嫌われたって大丈夫。

がっかりされたって大丈夫。

頑張って別の人を目指さなくても、大丈夫。

だって、あなたは、そのままで十分価値のある人間なんですから。

「でも、私だって、すごく効率よくテキパキと仕事ができるようになりたいんです」

「僕だって、みんなの想像をぶっ千切るようなすごい営業成績を挙げたいんです」

そうですよね。

でも、本来のタイプとは別のアプリを積んで頑張れば頑張るほど、あなたがもともと持っている長所が生かせず、追い詰められる原因になります。

そして、「自分らしさ」から離れてしまうのです。

「今の自分で大丈夫」というのは、心屋流の言い方をすると

「できないものは、できない」

「早よ、あきらめなはれ」

理想の自分をあきらめた瞬間から、あなたの仕事への向き合い方は変わってくるはずです。

「つらいから、会社やめます」が言えないあなたへ

第3章

違うタイプの人と楽しく働くために

罪がない人には罰がない

「この人は、どうしてこんなに私を振り回すの？」

「どうして、私が忙しいのを察してくれないの？」

「どうしてそんな無茶ばかり言うの？」


職場の人に対して、そんなふうに思ったことはありませんか？

「私なら絶対にこんなことはしない」と思うことを、他人になんの躊躇《ちゅうちょ》もなくやられると、なんだかイライラしてしまいますよね。


巻頭の漫画をもう一度見てみてください。

セリ夫さんが忙しいにもかかわらず、上司のピラ野さんに明日までの仕事を押しつけられ、しかも当のピラ野さんはサッサと帰宅。

セリ夫さんはこれに困惑していますが、まさにこんな場面です。

第２章でもお話ししたように、「オーガニックタイプ」の人の言動には、罪悪感というものがありませんし、特に「ひらめき型」は空気が読めません。

だから、たとえあなたが不快な思いを味わったり、困惑したりしていたとしても、相手にとっては、あなたを困らせてやろうとか、恥をかかせようとか、そんな思惑は一切ないんです。

あなたは、「私は嫌な思いをして、それでもこんなに我慢している」と思うかもしれませんね。

でも、あなたが我慢していようがいまいが、相手にとっては知ったことではないんです。

だから、悪気なく「無遠慮なこと」をする人に、怒りの感情をぶつけても無駄。

悪気がないのだから、「自分が相手を不快にさせている」とか「振り回している」という自覚がありません。

それから「察してほしい」と願うこともあきらめてください。

相手は「それができない人」なのです。

だから、怒ってみたところで反省したり改めようとすることもない。

「罪がない人」に「罰」を与えようとしても無意味なのです。


分かりやすく説明しましょう。

あるところに、賢い犬を飼っている人がいるとします。

この人は、「うちの犬がフリスビーをダイビングキャッチできるんだから」と、同じく飼っていた猫にもフリスビーを取らせようとしました。

もちろん、猫は見向きもしません。

するとこの人は、「犬ができるのに、お前はどうしてできないの!?」とイライラし始めました。

そして、猫に怒りをぶつけて「早くキャッチできるようになりなさい！」と教え込もうとするのですが、猫は相変わらず知らん顔。

そのうち、猫はどこかに消えてしまいました。

ここまで読んでどう思いましたか？

「猫なんだから、フリスビーなんて取れなくて当たり前でしょ！」とツッコミを入れたくなりますよね。

当然ながら、猫はフリスビーを取れないことに罪悪感など覚えていません。

だから、猫に怒りをぶつけてみたところで無意味なんです。


人間関係もこれと一緒。

職場には、犬と猫の違いと同じくらいの違いを持つ人間同士が混在しているということです。

だから、「どうして？　なんで？」と、いちいち疑問に感じて、イライラするのはあなたの心が消耗するだけ。

罪悪感を持たない人に振り回されたら、

「まあ、〇〇さんって、こういう人だから」

「私とは別の価値感を持っている人なんだな」

と、サラッと流すしかありません。

さらに言うと、オーガニックタイプでなおかつ、周囲のことをあまり観察していないひらめき型の人は、あっけらかんと無茶ぶりをしてきたりします（笑）。

たとえば、巻頭の漫画で仕事を頼まれたセリ夫さんは、「期待に応えなきゃ」と思い込んでいますよね。

でも、上司のピラ野さんは、「セリ夫さんがこの仕事をできるかできないか」とか「忙しいか忙しくなさそうか」なんて考えていない可能性が高い。

ただ、「誰かにこの仕事をやってほしい」、だから頼んだだけなんです。

このように、あなたの思い込みからくるすれ違いは、たくさんあります。

たとえば、あなたの職場に、物を置く時に「ガシャン」と大きな音を出したり、やたら大きな咳《せき》払いをする人はいませんか？

「もしかして怒ってる？」

「私、何かマズイことやっちゃったかな？」

そんなふうにビクビクしてしまいますよね。

でも、当の本人には何の意図もなかったりします。

もちろん、周囲に怒りをアピールしたくてわざと音を立てたりする人もいますが、悪気なくこういうことをする人がいるのも、また事実なんです。

「音を立てるのは、怒っている時」という自分の価値観を前提にしてものごとを考えるから、こういった思い込みをしてしまうわけです。


かくいう僕自身、他人の言動にイライラさせられることがあります。

そんな時、「これは僕が勝手にイライラしているだけだから……」と一生懸命飲み込もうとします。

とはいえ、いつもいつも飲み込むのは、僕だって疲れます。

それに、一回一回は大したことではなくても、飲み込み続ければ「ちりも積もれば」で、たまると大きなストレスになるかもしれません。

次の項で、そんな時のとっておきの解消法について紹介しましょう。

「恥ずかしい告白」で心のデトックス

自分とは違う価値観（タイプ）の人に、どうやって気持ちを分かってもらうのか。
結論から言うと、分かってもらうことは期待できません。
なんせ、別のＯＳの持ち主なのですから、ものごとの感じ方がまったく違います。
あなたと同じ感じ方をしてもらうこと自体が難しいのです。
では、やり場のないイライラ感はどうすればいいのか。
それは、「自分がどう感じたのか」を相手に言うことです。
分かり合えなくても「嫌な思いを味わった」と伝えることはできるからです。

ここで大切なのは、「言ったら、相手の心に響くはず」と期待しないこと。
「とりあえず、私は自分の気持ちを言った」という事実だけで満足することです。
「○○さんにこう言われて、私は嫌な気持ちになりました」と、あくまでも自分の気持ちだけを言うのです。

相手を責めることとも違います。

「でも、そう言ったら、相手に『そんなのアンタの勝手でしょ』と返されるかも」と思いますよね。

そのとおりです。

だから、「○○さんにこう言われて、私がバカにされたように感じて勝手に嫌な気持ちになりました」と、先回りして「勝手に」「感じたこと」を言ってしまいましょう。

こうやって、「勝手に」を先回りして言われると、人はなぜか、「いやいや〜、そんなつもりじゃなかったんだけど」と、途端に態度を柔らかくしたりするものです。

ところで、これ、なんだか恋心の告白に似ていると思いませんか？

恋愛って、相手に要求されているわけでもないのに、自分が「勝手に」相手のことを好きになってしまいますよね。

勝手に好きになっているわけですから、もちろん思いを受け入れてもらえず、残念ながらフラれる可能性だってあるわけです。

しかも、告白する時は勇気がいるし、けっこう恥ずかしい（笑）。

でも、告白をすれば「気持ちを伝えた」という事実は残るし、気持ちを吐き出せたという満足感は得られます。

すごくスッキリしますよ、怖いけどね。

「私が勝手に嫌な気持ちになった」と、職場の人に伝えるのは、ある意味恋の告白と同じようなものなのです。


この「恥ずかしい告白」は、職場のさまざまな場面で使えます。

先輩に呼び出されて急いでデスクに行ったのに、忘れて先輩が出かけていた時
↓
「私が、粗末に扱われたような気がして勝手に悲しくなりました」
後輩に仕事の段取りを無視されて、イライラする時
↓
「私が、バカにされたような気がして勝手に悲しくなったよ」

真剣に仕事の相談をしているのに、途中で全然関係ない話題を持ち出されて、不愉快な気分になった時

↓「私が、軽く扱われた気がして勝手に悲しくなりました」

そう、「悲しい」んです、しかも勝手に「気がして」るんですよ。

なんでも、「勝手に」をつけて、告白してしまいましょう。

また、嫌な思いを味わったなら、長期間ため込まないことも大切。

時間がたってからでもいいから「ちゃんと言ってみる」のです。

相手の心に響かなくてもいいから、告白する。

「小さな告白」をたくさんして、まめにデトックスすることが、ストレスをため込まない方法なんです。

「言えると癒《い》える」のです。

「苦手意識」を脳から追い出すイメトレ

とはいっても、上司や職場の先輩が怖くて、自分の気持ちがどうしても言えない。

そんな人には、まずイメトレをすることをおすすめします。

イメトレで、「苦手」という要素を先に頭から追い出してしまうのです。


具体的にどうするかというと、頭の中に苦手な人を思い浮かべて、さまざまなことをやってみます。

木刀で殴ってみる。

ロケットにくくりつけて、宇宙のかなたに飛ばしてみる。

逆に、肩を組んで笑い合ってみる。

もちろん、すべて頭の中で、ですよ。

頭の中だから、殴ったって誰もケガはしませんし、怒られることもありません。子供だましのように感じるかもしれませんが、これを繰り返しやっているうちにおもしろいほどに現実が変わってきます。

苦手な人に対しては、苦手という「意識」があるので、それを変えるのです。

怖くて仕方ない相手でも、「この人と肩を組んで笑い合ったな」と思うだけで、少し親近感が湧いてくる。

「あ、そういえば昨日この人のこと、ロケットで飛ばしたんだよなぁ」と思うだけで、なんだかニヤニヤしてきてしまう。

そうなれば、相手に抱いていた「苦手」が少し軽減されると思うんです。

目の前の現実をどうにかしようともがくよりも、頭の中に住んでいる「苦手意識」を先に追い出す。

このイメトレによって、少しでも苦手意識を和らげておくと、先述した「気持ちの告白」へのハードルがグッと下がりますよ。

価値観は変わらなくても「すりあわせ」ならできる

ここまで何度かお話しししているように、職場という場所は、価値観やタイプが異なる人たちの集合体です。

つまり、ものごとの捉え方がまるまる違う人がたくさんいるということ。

だから、仕事における「責任」に対する考え方もさまざまです。

こんなシチュエーションを想像してみてください。

ある会社で、新商品のキャンペーンを立ち上げることになり、Aさんはその予算の管理を任されました。

Aさんの上司の課長は「思いっきりやれ！　責任なら俺が取ってやるから、いくら使ったってかまわないぞ」と豪語しました。

しかし、さまざまな不運が重なってしまい、残念ながら資金を投じた割に新商品は売れませんでした。

課長は「残念だったけれど、仕方がない。みんなはよく頑張ってくれた」と、Aさんたち部下をねぎらいました――。


と、ここまでなら、「ちょっとイイ話」ですよね。

問題はこの後です。

後日、Aさんは、何も事情を知らない部長から「どうしてこんなに予算を使ったんだ？」と責められてしまいました。

当然、Aさんには「課長は責任取ってくれるって言っていたはずなのに……」と、怒りが込み上げます。

Aさんにとっての「課長の責任」とは、「部長に事情を説明し、部下をかばうこと」だからです。

そこで、Aさんは課長に詰め寄りました。

「課長！　責任取ってくれるって言ったじゃないですか！」

でも、課長はなぜか涼しい顔で、こう言い放ったんです。

「え？　責任ならもう取ってるけど？」

よくよく話を聞いてみると、課長にとっては「部下を責めず、頑張りをねぎらうこと」こそが、「責任を取る」ことだったようなのです。

だから、Aさんが「課長は、いざという時に責任を取らずに逃げる人」と思ったとしても、当の課長は自分が無責任だなんてまったく思っていません。

それどころか、「最後まで責任は果たした」と考えているフシすらあるのです。

いかがでしたか？

似たようなこと、あなたの職場でもあるのではないでしょうか。

こういった事態を防ぐためには、「責任のすりあわせ」が必要です。

心屋のセミナーでは、身近な人の価値観を確かめるために「価値観のすりあわせシート」というものを使っています。

これは、「あなたにとって愛とは何？」「仕事とは何？」「家族とは何？」など、いくつもの項目についてインタビューするもの。

抽象的な質問なので、おもしろいぐらい人によって回答が異なります。

ぜひ、この価値観のすりあわせシートを職場の人に書いてもらってください……と言いたいところなのですが、それは現実的に難しいですよね。

ですので、シートの代わりに、口頭でそれとなく質問してみてはどうでしょうか。「この人とは、どうもペースが合わないなぁ」とか「何だかズレているなぁ」と感じる相手には、日頃の会話の中で、

「責任ってどうやって取るものなんですかねぇ～？」

と、尋ねてみてください。

そうすると、「え？　それが〝責任〟なの？」と驚くような答えが返ってくるかもしれません。

たとえ、あなたの価値観からすると、相当ズレているようなことであっても、それがその人なりの「責任の取り方」なんです。

ちなみに、価値観の違いによる「言動のズレ」は、恋人や夫婦間でもあります。「愛しているから口を出す」という人もいれば、「愛しているからこそ見守る」という人だっていますよね。

「何かをしてあげることが、相手の幸せになる」と思う人もいれば、「自分がここに存在しているだけで、相手は幸せに違いない」と考える人もいます。

この「ズレ」を互いが認識し合えていればよいのですが、そうでないと「なぜ？　どうして？」と、相手の言動に対してクエスチョンマークばかりが浮かび、互いに苦しみが生まれてしまいます。

それがもとで、破局や離婚に発展することだってあるかもしれません。

これまでの人生であなたの価値観が変わらなかったように、他人の価値観を変えることは、とっても難しいこと。

というよりも、「他人の価値観を変えよう」なんていうのは、どだい無理な話であって、そこに労力を費やすのは無駄以外のなにものでもありません。

だって、あなたも他人から変えられようとされても困りますよね。

でも、「この人は、責任を取ることについてこう考えているんだな」と把握できているのといないのとでは、自分の心の持ち方が全然違うのではないでしょうか。いざことが起きてから「こんなはずじゃなかった！」と焦ったり、相手に対してイライラすることも少なくなると思うんです。

「相手をあきらめること」からすべてが始まる

価値観がまったく異なっている人に、「なんで分かってくれないの？」とか「どうしてこんなにひどいことをするの？」と、イライラしているうちに、職場にはあるモノができあがります。

それが、「どうして分かってくれないんだ軍団」です。

例を挙げて説明しましょう。

Bさんは上司が営業成績をいちいちチェックしてくるのが嫌でたまりません。

進捗状況は週に一度報告すればよい決まりなのに、上司は「○社との取引きはどうなってる？」などと、毎日毎日しつこく確認し、さらに自分流のやり方で仕事をすることを求めてきます。

Bさんは「予定どおり進んでいるから大丈夫ですよ」と、やんわりと上司のチェック攻撃をかわそうとするのですが、上司はおかまいなし。

Ｂさんだけでなく、同じ課の同僚たちも、課長のチェック攻撃がプレッシャーになり、「ちゃんとやっているってどうして分かってくれないんだ」とイライラが募っていきました。

でも、上司としては「みんなの成績が上がれば、うちの課にボーナスがたくさん出て、みんなの年収を増やせる。うちの課を良くしたいから言っているのに、どうして分かってくれないんだ」と、これまた不満がたまっています。

はい、こうして「どうして分かってくれないんだ軍団」のできあがりです。

この軍団が結成されると職場の雰囲気はかなりギクシャクしますし、相手に対して疑心暗鬼になったりします。

では、「どうして分かってくれないんだ軍団」に風穴を開けるには、どうすればよいのか。

それは、「お互いに分かってもらうことをあきらめる」ことです。

え？　あきらめたらそこで終わりになっちゃうのでは？

と思ったでしょうか。

それはちょっと違うんです。


「互いに理解し合って良い関係を築こう」なんて考えなくていい。

そう考えて頑張ろうとするから、うまくいかないしイライラするんです。

なぜなら、「良い関係」と言いながら、それは自分にとって「都合の良い関係」でしかないからです。

Bさんと上司それぞれが自分に都合の良い関係――つまり、相手が自分の理想どおりに動いてくれることを求めている限り、「どうして分かってくれないんだ軍団」は解体できないんです。


あきらめる際には、困っているほうから先にアクションを起こしましょう。

このケースでは、上司よりもBさんのほうが苦しい立場なので、Bさんから上司をあきらめてあげる、というわけです。

その際に、一つトライしてもらいたいことがあります。

上司がいない時に、上司の席に座ってみてください。

同じ職場なのに、自分の席から見る風景とはまったく違って見えることでしょう。

すると、上司の考えは理解できなくても、ちょっとだけ、ほんの少～しだけ、上司の気持ちが分かったような気になります。

気持ちが分かるのではなく、あくまでも、分かったような「気になる」だけです。

でも、それによって、不思議と上司へのイライラ度が減るのです。

すると、これまた不思議なことに、上司のほうにも変化が生まれます。

部下への風当たりがだいぶ弱まったり、ご機嫌な顔になってくれたりします。

「つまり、上司に迎合しろってことですか⁉」などと思う人がいるかもしれませんが、それは違います。

迎合するのではなく、「分からないけど、分かってみよう」と行動をしてみるのです。

価値観がまるで異なっている相手なのだから、分かり合えなくて当たり前。

「あきらめること」からすべてが始まるのです。

上司の期待は裏切ってナンボ

「クラッシャー上司」なるものが問題になっていました。

これは、仕事ができて有能だけれど、部下の気持ちを思いやれない上司のこと。仕事ができる分、部下にもハイレベルなことを求め、その基準に達しないと容赦なく怒鳴りつけたり、人格を否定したりするそうです。

いわゆるパワハラの一種ですよね。

こんな上司がいたら、間違いなく会社をやめたくなると思います。

でも、クラッシャー上司との関係も、自分の心がけ次第で変えられるのではないかと僕は思います。

何も、「イジメられる側に原因がある」などと言いたいわけではありません。

ただ、「無理です」「できません」を言う勇気を持つだけで、クラッシャーとの関係はすごく変わってくると思うのです。

「無理です」と言ったら、上司は「なんだと！」「誰に向かって言ってるんだ！」などと怒鳴りつけてくるかもしれません。

何も言わずにイラッとした顔をしたり、ムスッとするかもしれません。

その怒鳴り声を聞いたり、イライラした表情を見るのが怖いんですよね。

でも、実はその「怖さ」って、目の前の上司に対する恐怖感ではないんです。


本物の怖さは、先述したお母さんとの関係にあります。

お母さんが怒鳴った、お母さんがイラッとした顔をした、お母さんが悲しそうな顔をした……それは私が悪いからだ。

という子供の頃に仕入れた「私ができないから悪いんだ」という罪悪感がもとになって、脳内にあるつらい思い出をひっぱり出してきて「思い出し笑い」ならぬ、「思い出し怖い」「思い出し苦手」になってしまう。

そうやって自分のことをすぐに責めてしまうのです。

第2章で、「親不孝をしよう」とお話ししたのはそのためです。

というのが僕の考えなのですが、「私が怖いのはお母さんじゃなくて、目の前の上司なんです！」と、ピンと来ない人もいるかもしれません。

その場合は、第2章で挙げた「納豆の話」を思い出してください。

あなたは、ただ納豆として生きているだけなのに、スーパーに買いに来た上司が「勝手に」納豆を見てイラッとした顔をしただけ。

だからあなたは、「頑張っていい納豆になろう」となんてしなくていい。

つまり、頑張って上司に気に入られようとしたりなんてしなくていいのです。

逆にいえば、自分を責めて頑張って上司の期待に応えようとしている限り、クラッシュされる恐怖から逃れることはできません。

だからあなたも声に出してみてほしいのです。

「私は、悪く、ない‼」とね。

「無理です」「できません」を何度も言い続けて「上司の期待に応えようとすること」をあきらめると、つまり、自分が自分のことを責めるのをやめると、上司のほうも、そのうちあなたを責めることをあきらめてくれるのです。

そもそも、人をクラッシュしようとする人は、心が不幸なのかもしれません。

なぜなら、「根拠のない大丈夫の樹」が心にしっかりと育っていれば、どんな状況になっても「大丈夫」だから。

つまり、自分が脅かされることがないので、相手を責め立てたり、人と激しくぶつかることなどないはずなんです。

小さな犬ほど相手を威嚇するためによく吠《ほ》えると言いますが、これと同じですね。

そう考えると、クラッシャー上司は、たとえ仕事ができたとしても、「かわいそうな人間」なのかもしれません。

キャンキャン吠えてばかりいる上司に向かって、心の中で祈ってあげてください。

「この人が幸せになれますように」って。

「上司＝えらい人」ってホント？

そもそもですが、上司の言うことには、必ず従わないといけないのでしょうか。

上司って、部下全員を自分の思うままにできるほど、すごい人物なのでしょうか。

違いますよね。

その上司が、たまたま「あなたの上司」という「役割」なだけであって、えらいわけでも崇高なわけでもないんです。

野球にピッチャーやキャッチャー、レフト、ライトなどのポジションがあるように、上司も職場における役割の一つにすぎません。

それなのに、会社という「村」の中にいると、無意識のうちに「上司の言うことは絶対！」と思い込んでしまいがちです。

だから、まず、その考え方を頭からなくしてしまいましょう。

そして、部下や後輩を持つ人も、「上司とはこうあるべき」を頭から追い出すことが大切です。

たとえば､本来はひらめき型タイプの人が「部下を見張ることが自分の仕事だ！」と思い込むと、とてもしんどくなってしまいます。

ひらめき型の人は、人やものごとを管理するのが苦手なケースが多いので、「部下をきっちりコントロールしなければ」と思えば思うほど空回りしてしまいます。

では、ひらめき型の上司のチームは、まとまりが悪くて、非効率的でいい加減な仕事をしているのかというと、そうでもなかったりします。

世の中はとてもうまくできていて、上司が斬新なアイディアを生み出すひらめき型なら、戦略型の部下がきちんとアイディアを具現化できるよう助けて仕事をしてくれるからです。

上司といったって、しょせん会社の中で数ある役割の一つ。

仕事とは、上司一人の能力で回っているわけではなく、職場のみんなの助け合いの上に成り立っているものなのです。

第4章

「頑張らない人」になるトレーニング

目標なんて捨てちゃおう

第3章では、違うタイプの人がいる職場の中で、自分がのびのびと働くための方法についてお話ししてきました。

この章では、あなた自身と仕事との向き合い方について考えてみたいと思います。

「○○さんみたいな仕事ができる人になりたい」
「営業成績でトップになりたい」

声に出さなくとも、心の中にひそかに目標を持っている人は多いのではないでしょうか。

元旦に今年一年の目標を立てたり、細かい人だと毎月目標を設定している人もいるかもしれませんね。

このような人にとっては、

「目標？　そんなものありません」とか、

「まあ、なんとなく頑張りまーす」

などと言っている人は、きっと「向上心がないダメ人間」に映ることでしょう。

ですが、本当にそうなのでしょうか。


僕はこれまで、会社経営者や役員など地位や名誉のある立場の人に数多くお会いしてきました。

その経験からすると、長期的に安定した地位を保っている人から、いわゆる「向上心」というものを全然感じません。

むしろ、一見ダメ人間に思えるような「ユルユル人間」だったりします。

一方で、経営者の中には目標をどんどん達成していくバリバリのキレ者タイプもいます。

ただ、このような人は、一度は上り詰めても、どこかで糸がプツンと切れて、急降下してしまうことがあるんです。

話をもとに戻しましょう。

なぜ、人は目標を立てるのでしょうか？

「あの人みたいになれば、幸せになれるはず」

「営業成績トップになれば、みんなから尊敬されるはず」

目標設定の裏には、このような思いがあります。

つまり、「今のままの自分では価値がない」「みんなから認められない」と思い込んでいるのです。

そして「結果を出せば尊敬され大事にされる」と考える。

だから「こんな自分」を変えるために、誰かの真似をしようとしたり、具体的な数値を設定してみたりするわけです。

では、目標を達成できたなら、本当に幸せになれるのでしょうか。

いいえ、目標を達成できたら、「目標に到達できたはずなのに、なぜか幸せじゃない。こんなはずじゃないのに」と落ち込むこともあります。

そして、また次の目標を立ててそこに縛られたりします。

これでは、いつまでたっても幸せには辿りつけそうにありません。

何も、目標を立てることが悪いと言っているわけではありません。

目標があることで、目線が変わったり、活気が出ることだってあります。

ですが、目標があるうちは自分の想定の範囲を超えることはありません。

自分が想像し得る枠の中で小さくまとまってしまいます。

目標とは、「自分の価値観の範囲内」にあるものだからです。

だから、目標なんて立てなくてもいいんです。

「目標の人」を目指さなくたって、今のままの自分で大丈夫。

あなたは十分すごいのです。

そう考えることで、その自分に見合うすばらしい現実が後からやってきます。

目標に縛られ、焦り、苦しみながら努力する。

それをやめ、安心して満たされた心で生きることで、結果として成長がもたらされるのです。

「努力は裏切らない」という大きな罠《わな》

努力は人を裏切らない、逃げずに頑張れば必ずいいことがある。

私たちは、そんなふうに教えられて育ってきました。

「サボること＝悪」だと思っているし、「逃げ出すこと＝最低」だと思っている。

がんばって、ガマンして自分がやること「だけ」がすばらしいという三つの〝が〟を必死に守る「頑張る教」です。

でも、それならば、これまでさんざん頑張ってきたあなたは、もっともっと幸せになっていてよいはずですよね？

結果も出ていいですよね？

仕事をやめたくなったりしていないはずですよね？

つまり、「努力は裏切らない」は、ウソっぱち。

残念ながら、努力は簡単に人を裏切るのです。

もちろん、努力することにまったく意味がないとは言いません。

努力すること自体に充実感を覚え、それが心豊かに生きる原動力になることだってあります。

ですが、「必ずしも努力が人を幸せにするわけではない」から、今あなたは苦しんでいるのだと思うのです。


それならば、楽しく仕事をするために大切なことはなんなのか？

それは、「運」です。

はっきり言いましょう、人生は「運」しかありません。

「そんなバカな！」と思うかもしれませんが、これが事実です。


現に、決してがむしゃらに頑張っているわけでもないのに、経済的にも豊かに楽しく暮らしている人たちに、「なぜ豊かで楽しい生活を送れているんですか」と尋ねると、十中八九「運が良かったから」と答えるでしょう。

「頑張ったから」ではなく、運。

「たまたま」「ラッキーなことに」今がある。

謙遜でもなんでもなくて、彼らは心からそう思っているのです。

こういった人たちに共通しているのは、びっくりするぐらい、「自分の力で頑張っていない」ことです。

運とは、言い換えれば、他人の力――つまり「他力《たりき》」です。

このような人たちは、周囲の人に頼ったり甘えたりして、「他力」によって生きています。

「自分の努力の力」「頑張る教」を過剰に信奉していないからこそ、他力を頼ることができるのかもしれません。


一方、「努力が自分を幸せにしてくれる」と信じ込んでいると、自分の力――つまり、「自力《じりき》」だけで頑張ろうとしてしまいます。

さらに、その結果しんどくなっても「逃げるのは悪だ」「頼るのは悪だ」と、ますます自分を追い込もうとする。

これでは、「他力」が入り込む隙はありません。

こう考えてみてください。

自力と他力は足して１００になるようにできています。

たとえば、１００のうち90ぐらいまで自力にしていたら、他力の割合が10しかないということになります。

でも、頑張らずにゆる～く生きている人は、１００のうち他力の割合がとても多いので、「他力」という名の運によって生きていることを実感しています。

だからこそ、うわべだけではなく、周りの人に心から感謝しているし、その「心の余裕」によって、ますます「運」が舞い込むすてきな循環があります。

僕自身も、自分の力だけで頑張ろうと気を張り詰めていた頃よりも、周りを頼り、迷惑をかけ、甘えている今のほうがずっと運が良くなったと感じています。

そしてよっぽど周りの人にも喜ばれています。

要するに、昔は頼ったり迷惑をかけて嫌われるのが怖かっただけなんですね。

つまり、「自分はその程度のことで嫌われてしまう人なんだ」と、自分のことを信じられていなかったのです。


たとえば、以前は公式ホームページを自分で制作していました。

僕にとっては大変な作業でしたが、めちゃくちゃ頑張ればなんとか作れてしまっていたからです。

でも、ある時から思い切って、ウェブ制作の専門家にお願いすることにしました。

すると、僕が作っていた時よりも格段に見やすいページになり、ラクになりました（当たり前ですよね）。

また、本もすべて自分で書いていましたが（自分で書くほうがエライと思っていたので）、これもある時からプロのライターさんにまとめてもらうようになったら、ラクで楽しくいいものが仕上がりました。

プロに依頼したことで当然クオリティが上がっただけでなく、何より自分がラクになったのです。

ラクは「人に頼む」「お金で解決する」でいい。

そこにかかった費用なんてすぐに戻ってきますから。

そして、ラクになると運が入る隙間ができて、どんどん運が良くなります。

それがなぜなのかを明確に証明することはできませんが、ただ、「運が良くなった」と感じることは事実なんです。


子供の頃、親や先生からさんざん聞かされた、

「自分の力で最後まで頑張りなさい」

「安易に人を頼っちゃいけません」

というセリフをずっと信じてきた人には酷なことかもしれませんが、「自力で頑張るのはすばらしい。他人を頼るのは情けない」という考え方は忘れてください。

あえて言うと、「自力で頑張るのは水くさい。他人を頼るのは、人を信じるすばらしいこと」なのです。

運をアップさせるために、自力を最小限にして、他力を最大限にすること。

その具体的な方法を、次の項からお話ししていきましょう。

気乗りする仕事だけをする

会社をやめたくなる理由の一つに、過労――つまり、仕事量が多すぎることが挙げられると思います。

毎日、朝から大量の仕事に追われ、ランチすらゆっくり食べる時間がない。気づけば終電の時間。慌てて帰宅し、家では寝るだけ。

それでも終わらなくて、休日出勤したり、家に仕事を持ち帰ったり……。

こんな生活が続けば、誰しも疲弊してしまいます。

「うちの職場は仕事量が多いから、仕方ないんです」

カウンセリングに訪れる人からも、よくそんな声が聞かれます。

でも、少し冷静になって職場を見回してみてください。

サッサと仕事を終わらせて帰っている人、他の人に仕事を任せて遊んでいる人がきっといるのではないでしょうか。

働いている「フリ」だけ上手な人とか、ね。

しかも、そのような人に限って、周囲から高い評価を得ていたりするものです。

冒頭の漫画にもそんな人がいましたよね。

「私は誰よりも頑張っているのに、全然報われない」

「誰よりも仕事をたくさんこなしているのに、全然感謝されていない」

そんなふうに考えると、むなしくなってしまいますよね。


ここで少し考えてください。

あなたが抱えている仕事は、本当にすべてあなたがやりたい仕事ばかりでしょうか。

きっと、「本当ならやりたくないけれど仕方なく引き受けている仕事」も、たくさんあるのではないでしょうか。

だったら、やるべきことは一つ。

思い切って、やりたくない仕事を断ってみましょう。

「そんなことできるわけがない！」

「どうしても断れないから、大変なことになってるんじゃないか！」

という声が聞こえてきそうですね。

でも、やりたくない仕事を断らない限り、あなたのイライラ&モヤモヤはなくなりません。

「（嫌だけど）引き受ける↓無理をする↓その割に報われない↓でも、もう私がやって当然というムードになっている↓引き受けざるを得ない↓また無理をする↓周囲に対して不満だらけになる↓イライラ&モヤモヤ……」

という悪循環に陥っているからです。


そもそも、なぜやりたくもない仕事を引き受けてしまっているのでしょうか。

断ると怒られるから？

嫌われるから？

信頼されなくなるから？

他の人に迷惑をかけるから？

評価が下がって、収入が落ちるから？

いろんな理由があると思います。

でも、大丈夫。

あなたが断っても、ビックリするぐらい何も起きません。

仕事を断ったぐらいでは、あなたが嫌われることも、信頼されなくなることもないんです。

一時的に嫌われたりがっかりされたとしても、ビックリするぐらい大丈夫なんです。

これ、信じられないと思いますが、死ぬほど大切なこと‼

一方、やりたくない仕事を断ると、あなた自身の仕事には大きな変化が生まれます。

「やりたくない仕事を断る↓やりたい仕事だけをするので楽しい↓やりたくない仕事に時間を取られない分、じっくりと取り組める↓苦手な仕事をやってくれた人に感謝できる↓空気が良くなる↓仕事のクオリティが上がる↓評価される↓より、やりがいがありそうな仕事を任される↓またやりたい仕事だけを引き受ける」

こうして、これまでの悪循環がピタッと止まって、幸せな循環に変わります。

そのスタートは「断る」勇気を出すか出さないか、それだけです。

意外なぐらい僕たちは「やらなくていい仕事」を「やらなければ」と思い込んでやっているのです。

この幸せな循環は、僕自身が実際に経験しています。

以前、僕は全国各地でセミナーを開催していたのですが、ある時、頑張りすぎていることに苦しくなり、自分が住んでいる京都を除いてすべてのセミナーをやめてみました。

当然、収入が落ちるのは覚悟の上です。

それでも、頑張りすぎていることに疲れていた僕は、本当に自分がやりたい仕事だけを選びました。

すると、驚いたことに、全国から京都のセミナーにお客さんが来てくれるようになったのです。

そして、各地で開催していたとき以上の集客となり、逆に収入もアップしました。

たとえ一時的に収入が落ちると思っても、やりたい仕事だけをやる。

その覚悟だけ。

それが、結果的には自分が幸せになり、収入も上がることにつながったんです。

また、参加者には京都に来てもらうという御足労やお金の負担を強いることになりましたが、みんな京都に「来られる」ことを喜んでくれたのです。

これは予想外の発見でした。

でも、それは自営業者の場合だけでしょ？　会社員にはそんなことは不可能。

そんなふうに思うでしょうか。いいえ、そんなことはありません。

実は、会社員よりももっと、決められた仕事をきっちりこなす必要がある公務員の人にも、この幸せの循環は訪れているんです。

その人は、僕の知り合いの旦那さん。

「やりたくない仕事はやらない」を実践したところ、なんと、その旦那さんだけにドカンとボーナスが出たというんです。

しかも、特に理由も聞かされず、ただボーナスが出た。

しつこいようですが、「公務員」です。

あり得ません。

なぜ？　どうして？　と思いますよね。でも、本当の話です。

ボーナスが出た理由は、正直言って僕にも分かりません。

だから、「そんなのたまただ」と言われてしまえば、それまでです。

ただ、「やりたくない仕事を断る」という変化によって、「たまたま」が起きる可能性は確実に上がるはずです。


この公務員の方をはじめ、僕の周りには驚くような変化を遂げた人がたくさんいます。

きっとそれは「やりたくない仕事はやらない」と決めたことで、心が自由になり、幸せになれるから。

そして、「他力」が、「運」が、動き出す。
「たまたま」起きる幸運は、この延長線上にあると僕は思うんです。

断るのが怖いのは最初の一回だけ

仕事を断る。

ひと言で言ってしまえば簡単ですが、これまで断らずになんでも引き受けていた人にとっては、すごく高いハードルですよね。

ということは「怖いからやっている」ということ。

でも、実際に大きな勇気が必要なのは最初の一回だけ。

一度断ることで、先ほどお話しした「悪循環」の回転がピタリと止まり、「頑張らなくても大丈夫」という、幸せな循環が回り始めるからです。

その代わり、その一回は死ぬほど怖いかもしれませんが。

これまでは、なんでも引き受けるあまり「あの人ならやってくれる」というイメージが定着していたかもしれませんが、一度断ることによって、

「あれ、この人、断ることもあるんだ」

と、周囲は気づきます。

もしかしたら、あなたがいい人の仮面をかぶっているあまり、他の誰でもよい仕事まで、あなたに振られていたのかもしれません。

「なんでも引き受けるいい人」の仮面を脱げば、なんでも押しつけられることはなくなるはずです。

あまりやりたくない仕事。

無理やり押しつけられた仕事。

引き受けたら、自分がしんどくなりそうな仕事。

私が断ったら誰かの負担になりそうな仕事。

嫌いな人から頼まれた仕事。

全部断ってしまっていいんです。

ただ、「できません」と断っても、「嫌だと思うけどやって」としつこく頼まれることをあるかもしれませんよね。

それでも、どうせ引き受けなければならないのなら、一度は「やりたくないアピール」をしておきましょう。

同じ引き受けるにしても、「やりたくない」とアピールすれば、自分の中でのモヤモヤ感やイライラ度は格段に減りますし、何も言わずに引き受けるよりも相手から感謝される確率だって高まります。


でも、そんなことをしたら「すぐにいっぱいいっぱいいっぱいになる人」って思われそう。

「キャパシティが狭い人」というレッテルを貼られそう……。

「できない人」「生意気」「何様？」と思われそう。

そんなのダサい。

そう考える人もいるでしょう。


ええ、そのレッテル、貼られるかもしれませんね。

でもね、キャパシティなんて狭くてけっこう。

実際、狭いし（笑）。

実際できないし。

無理してキャパの広い人を演じなくていいんです。

だって、無理にキャパが広いフリをして仕事を引き受けた結果、本当にキャパオーバーしてしまうなら、もとも子もないのですから。

そして何より、罪悪感なく頼んでくる人の依頼は罪悪感なく断っても大丈夫です。

多少嫌な顔をされても、そういう人は根に持たないのです。

そう、あなたと違って……（笑）。

一番迷惑なのは「抱え込む人」

あなたが仕事を抱え込んでしまう理由はいったいなんでしょうか？

「どうしても」と、お願いされたから。

私が引き受けてあげないと、誰もやらないから。

やる人がいなくて、困っているから。

つまり、自分以外の「誰かのため」に、本当はやりたくなかった仕事を引き受けているわけですよね。

あなたとしては、相手のために「引き受けてあげている」つもりかもしれません。

でも、実はそうじゃないんです。

自分が、良い人だと思われたいから。

自分が、デキる人間だと思われたいから。

自分が、仕事を断って嫌われたくないから。

自分が、「空気が読めないヤツ」だと言われたくないから。


これを読んで、ちょっとドキッとしませんでしたか？

自分でも意識していないかもしれませんが、あなたが仕事を抱え込んでしまうのは、結局「自分のため」。

その「自分」を信じてないから断れないだけだったりするのです。

断って嫌われるくらいなら、自分を殺したほうがマシと思っているのです。

仕事を頼む側だって、あなたがしんどい思いをしていることに気づいていないかもしれません。

あなたの本音を知ったら、「そんなに大変なら、どうして断ってくれなかったの？」と思うかもしれないし、「そんなに嫌だったなら、他の人にお願いしたのに」と言うかもしれません。


真面目な人ほど、一人ですべてを抱え込んでしまいがちです。

人に頼ってばかりいたらダメ。

迷惑をかけたらダメ。

だから、一人で最後までやり遂げる。

一見、責任感が強いようですが、実はこれ、「迷惑」なんです。


多くの仕事は、職場や取引先など関係する人すべてが互いに頼り合い、時には迷惑をかけ合いながら成り立っています。

それなのに、周囲に頼らず迷惑をかけまいと一人で頑張る人は、ある意味、周囲の人たちを信用していないということになります。

他人を信じていない人は、頼ったり迷惑をかけたりするのを恐れます。

そして、やりたくもない仕事を抱え込みすぎた結果、抱えきれなくなってダウンしたり、突然爆発したりする。

周りにとってみれば、これが一番迷惑なんです。

さらに、「抱え込む人」が危うい理由は他にもあります。

「私は誰にも頼っていない」「迷惑をかけていない」と信じているので、他人から迷惑をかけられると不愉快になるし、イライラします。

加えて、「抱え込む人」は、他人に感謝を強要するようになりがちです。

「相手のために引き受けてあげた」と思っているうえ、「全部自分で頑張ってやり遂げた」という自負があるので、「自分は感謝されるべき」と心のどこかで思っているからです。

だから、自分が思ったほど相手が感謝してくれないと、悲しくなるしイライラしてしまう。

場合によっては、相手のことを軽蔑したり、嫌いになったりもします。

抱え込みすぎることは、まさに「百害あって一利なし」なんです。

実は、僕も以前はそうでした。

「自分が頑張らないと！」と思うあまり、どんどん追い込まれて苦しくなるうえ、他人が感謝してくれないとストレスがたまる。

で、キレて嫌われる（笑）。

なんにもいいことはありませんでした。

でも、思い切って周囲に甘えて、迷惑をかけるようになったら、自然と周囲に心から感謝する気持ちが湧き上がるようになりました。

その時、気づいたんです。

「心からの感謝」って、人を頼って迷惑をかけて、初めて生まれるものだということに。


だから、あなたも職場の人に「迷惑」をかけてみてください。

「自分がやるべき」と思い込んでいる仕事を、他の人にお願いする。

自分のミスの後処理を頼んでみる。

体調が悪かったら、遠慮なく会社を休んで休養する。

有給休暇を取って、旅行にいく。

これまで、「周りの人の迷惑になる」と思って、必死に避けてきたことをたくさんやってみましょう。

自分ができること、得意なこともあえて人に頼めるようになれれば最強です。

迷惑をかけて、甘えられるようになれば、いつも周囲に感謝する人に生まれ変われるはず。

何より、あなたの時間と心に、これまでにないゆとりが生まれることでしょう。

そうしてあなたが笑顔になれば、周りの人もあなたに笑顔を向けるのです。

他人ばっかり大事に優しくしてないで、もう少し自分に優しく、自分を大事にしてみませんか？

「丸投げ」してみよう

人に仕事を任せる際に一つ、気をつけてほしいことがあります。

それは、任せた以上、やり方や結果に口出しをしないことです。

つまり、すべてお任せ――「丸投げ」するということ。

もし、あなたが「仕事はお願いしたいけど、私流のやり方でやってね」と、やり方までいちいち指示されたり、仕事を任せてきた本人に見張られて逐一口出しされたら、きっと苦痛で仕方ないですよね。

さらに、仕事をお願いしておいて、できあがったものに対してダメ出しするのは最悪です。

ですので、人に仕事を任せる時は、いったん「自分の思いどおりのクオリティにはならない」ということを覚悟しなければいけません。

「だったら、自分でやったほうが早いし、クオリティだって高い」と思うでしょうか。

特に、テキパキ仕事をする戦略型タイプには、そう感じる人が多い傾向があります。

僕も昔はそう思っていました。

だから、心屋塾の認定講師たちに仕事を任せる時には、僕流のやり方もセットでお願いしていたんです。

たとえば、全国のセミナーを講師たちに任せた時には、僕のやり方を一生懸命教え込み、同じようにやるように指導していました。

でも、講師たちは僕と同じ人間ではありません。

だから、僕が10年近くかかってやってきたことと同じことを、彼らがいきなりやってみようとしても、同じようにできるわけがないのです。

それに気づいた時、僕は思い切って、やり方を指示せずに丸投げしてみました。

「どうぞ好きなようにやってください。たとえ何か失敗して、心屋の看板を汚すようなことがあっても大丈夫だから」

と、彼らにすべてを任せたのです。

するると、彼らは僕の想像を超えるやり方でセミナーの講師を無事に務めてくれました。

しかも、お客さんからの評判も上々！

僕が思ったとおりにやってくれなくても、僕が思った以上のことをやってくれた。これが「他力」のすごさなのです。


たまに一部の方からクレームがあったりもしましたが、その程度で心屋の看板は汚れたりしないことにも気づかされました。

ていうか、そもそも汚れてますし（笑）。

それに、僕にとっては、ほんの小さなことでクレームを言ってくるお客さんよりも講師のほうが大切ですから、講師を守り、「二度と来ないでもらってけっこうです」と言う。

それだけのこと。

さらに、講師たちにも変化がありました。

自分で考えてセミナーを運営するようになったので、それまで以上に各地で活躍してくれるようになったのです。

「心屋の看板を汚してもいい」と僕は言いましたが、これ自体が僕の大きな思い違いだったのかもしれません。

「丸投げすると、自分の評価が下がる」と思っているのなら、それは大きな誤解。

もし一時的にクオリティが落ちたとしても、あなたが丸投げした相手は、あなたの想像を超えるやり方で、予想を大きく上回る結果を見せてくれるかもしれません。

それに、そもそも「自分の評価が下がる」ということ自体がおこがましいような気がします。

「評価が下がるのが怖い」と思うなら、こう唱えてみましょう。

「大丈夫。そもそも評価、低いから（笑）」と。

自分が嫌いな仕事が大好きな人もいる

「やりたくない仕事はやらない」という話をしましたが、これは、裏を返せば、自分が苦痛だったり、気がすすまない作業は他の人にお願いするということです。

「自分が嫌いなことを他の人に頼むなんて、申し訳ない」

周囲に仕事を頼めない人は、心のどこかでそんなふうに思っていたりします。

それは、「自分が嫌いな作業＝みんなが嫌いな作業」だという認識があるからですよね。

でも、そうとは限りません。

知り合いの編集者の女性Cさんからこんな話を聞いたことがあります。

彼女は、伝票整理や、大量の封筒に宛名を書いて本を送るといった事務的な作業が大の苦手でした。

それでも「これも仕事の一つだから仕方ない」と我慢してやっていたのですが、何せ嫌いな作業なので、まったくはかどらなかったそうです。

ある時、思い切ってアルバイトの女性にそのような仕事をお願いしたら、実にスピーディーに作業をこなしてくれました。

「ありがたい！」と思いながらも、どこかに罪悪感を覚えていたＣさん。

「しんどい作業をお願いしてごめんね」とアルバイトの女性に言ったところ、驚きの答えが返ってきたそうです。

「いいえ。実は私、こういう単純作業が大好きなんです」

そこで、Ｃさんは「自分が大嫌いな作業を大好きな人がいる」ということに衝撃を受けたそうです。


このような例は、他にもあります。

たとえば、僕は行列に並ぶのが大の苦手。

遊園地のアトラクションだろうとおいしいラーメン店だろうと、できれば行列は避けたいと思うタイプです。

ですが、世の中には「並ぶのが好き」という人もいるのです。

ある歌手のコンサートに行った時のこと。

握手会の列にファンのおばさまたちが並んでいたのですが、よく見ると争うようにして列の最後尾につこうとしているではないですか！

並ぶのは仕方ないとしても、なぜよりによって最後尾につこうとするのか。

なんでも、「今日、『最後に握手した人』になりたいから」というのが理由なのだそうですが、並ぶのが苦手な僕にはさっぱり理解できない行動でした。

このように、人が嫌いなこと、好きなことはそれぞれ違います。

「自分が嫌いなこと＝すべての人が嫌いなこと」とは限りません。

自分が嫌いな作業を人にお願いするからといって、罪悪感を覚える必要はないのです。

では、誰もやりたがらない作業だったら、どうすればいいのでしょうか。

誰もやりたくない作業は、そもそも誰もやらなくていいこと。

「いやいや、誰かがやらないと成り立たないでしょう?」と思うかもしれませんが、ためしにその作業をやるのをやめてみましょう。

するると、誰もやらなくても、なんとなく会社が回っていくことに気づくはずです。

「私がやらねば、誰がやる」の発想は、今日から捨ててみませんか。

あなたがやらなければ、他の誰かがやってくれます。

そう、「私がやらねば、誰かやる」なのです。

誰もやらなければ、その作業は会社にとって必要ないことだったというのが分かるだけです。

頑張るほど「存在給」が減っていく

仕事をやめたい人の中には、収入に不満を持っている人もいることでしょう。

ここで、頑張りと収入の関係についてお話ししたいと思います。


収入が低いことを不満に思う人の多くは、「こんなに頑張っているのに」と、自分の頑張りと収入が見合わないことを嘆いているのではないでしょうか。

こんなに長時間働いているのだから、もっとたくさん給料がもらえていいはずだ。

こんなに苦労しているのに、年収が上がらないのはおかしい。


たしかに世間では、働いた時間や、どれだけ人の役に立ったか、どれだけ大変な思いをしたかで給料が決まると思われていますよね。

でも、この考え方には少々疑問が残ります。

たとえば、お金持ちのセレブの奥様は、自分が働いていないのに、たくさんお金を持っていますよね。

高級ランチを食べたり、習いごとをしたり、エステに行ったり、好きなことをして楽しく暮らしていますし、かといって、家では家事や育児もお手伝いさんやシッターさんに任せていたりします。

つまり、労働をしていないのです。

ここで、すでに「お金＝仕事の我慢料」という公式が崩れていますよね。

では、お金とはいったいなんなのか？

それは、自分がどれだけ楽しく自分らしく生きているかのバロメーターだと僕は思っています。

どれだけ楽しく生きているか——つまり、「心の満たされ度」を測る機会がないので、それを金額で表したのが今の年収だと思うのです。

さらに、セレブ妻たちは「働いていないのにお金を使って申し訳ない」なんて、微塵《みじん》も思っていなかったりします。

「私はお金をもらえて当然――つまり、私はお金をもらうだけの価値がある人」だという意識があるのです。

この考え方を、僕は「存在給」と呼んでいます。

文字どおり、

「私は、存在しているだけでお金がもらえる」

「私は、世の中に役に立っていようがいまいが、存在しているだけで豊かに暮らせることが当たり前」

という考え方です。

セレブ妻をはじめとして、遊んで暮らしているお金持ちは、歯を食いしばって必死に働いているから豊かなのではありません。

「自分の存在は価値がある」と無条件に信じているからこそ、豊かなのです。

この考え方に気づいてから、僕は頑張って稼ごうとするのをやめました。

先述したように、気乗りしない仕事はせず、人の期待に頑張って応えようとすることもやめました。

以前は、本を書いたら一冊でも多く売ろうと頑張ってキャンペーンをやったり、書店さんに挨拶に行ったり、売るために購入者特典のようなおまけをつけたりしていたのですが、これらも全部やめました。

すると……自分でも想像していなかった結果が訪れました。

驚くことに、本の売り上げが一気に伸びたんです。

それまでは累計10万部そこそこだったのが、2017年には360万部を突破し、現在は600万部超えを達成。結果的に「一冊でも多く売ろう」と頑張っていた時よりも、ずっと僕の収入も増えたんです。

世間では、頑張って働いて、サービスや品質を向上させ、社会の役に立ち、世の人に喜ばれるほど、収入が高くなると信じられています。

つまり、頑張りが収入を左右すると思い込んでいるのです。

頑張って、それに見合う収入がついてきているうちは、その考え方でもいいのかもしれません。

でも、そうではなくなった時には、ひたすら苦しみの連鎖に陥ってしまいます。

「収入が上がらない↓それは、自分の頑張りが足りないから↓もっと頑張らないといけない↓自分を責める↓ひたすら頑張る↓それでも収入は上がらない↓もっと頑張らないと……」

この負のスパイラルに陥ると、車輪の上のハムスターのように、ひたすら車輪を回し続けなければならなくなります。

そして、気がついたらもう頑張れないほど疲れ果て、心も体もボロボロになってしまう。

ここでも根本にあるのは、「自分は頑張って役に立たないと価値がない人間」という罪悪感や劣等感です。

だから、罪悪感や劣等感を払拭しようと頑張って「歩合給」を稼ごうとしてしまう。

そして、歩合給を稼ごうと頑張るあまり、「存在給」を減らしてしまっているのです。

私は、頑張らなくても、お金をもらえるだけの価値がある存在。

そう信じてみてください。

ここでも、根拠なんて必要ありません。

無条件にそう信じることが、「収入が上がらない負のスパイラル」を脱するための第一歩なのです。

「謙遜」は自己否定の言葉

「○○さんって、すごいですね」

職場の人や取引先の人にこう褒められた時、あなたはどのように返していますか？

きっと、「いえいえ、大したことないですよ」とか「まだまだですよ」なんて返しているのではないでしょうか。

では、お聞きしますね。

あなたは本当に自分のことを「大したことない」と思っていますか？

本当に、ほんと〜に、そう思っているのでしょうか？

それなら、こんなふうに考えてみてください。

仮に、こう言われたなら、あなたはどう思うでしょうか。

「○○さんって、大したことないよね」

なんだか、無性に腹が立ちませんか？

「私だって、そこそこやってますけど！」と腹の底で反論したくなりますよね。

褒められると謙遜《けんそん》するのに、いざ、けなされると腹が立つというわけです。

こうして見ると、人間ってなかなか面倒くさい性分ですよね（笑）。

自分でも気づかないうちに、本当は、自分のことを「ちょっとだけすごい」と思っている。

思いたい。

だから、みんなに「すごいね」って言ってもらいたい。

「頑張ってるね」って認めてもらいたい。

分かってもらえないと悲しい。

でも、「謙虚っぽくしておいたほうが好感度が高そうだし」とか、「褒められてそれを真に受けるなんて、バカにされるかもしれない」などという心理から、とりあえず謙遜してしまう。

「謙遜」は、あなたの本心ではなく、単なる「自己防衛手段」にすぎないということなんです。

いったいあなたはいつから、謙遜などというものを覚えたのでしょうか。

きっと子供の頃は、褒められたら「わ〜い！」と、無邪気に喜んでいたはずです。

それなのに、育つ過程で、

「自慢するのは恥ずかしいこと」とか、

「褒められても控えめにしておくのが一番」

と周囲の大人に刷り込まれ、いつしか「自己防衛手段」として、謙遜を使うようになったのでしょう。

でも、謙遜って一種の自己否定でもあるんです。

言葉って不思議なもので、「そんなことないです」と謙遜していると、自分で自分を否定して、自らの能力と評価を下げてしまうんです。

本来、「すごい人」であるあなたのポテンシャルを、自分で押さえつけてしまっているのです。

押さえながら、認めてほしくて頑張ってる……。

だったら、「すごいね」「すてきだね」と言われたら、

「ありがとうございます」

と笑顔で返してみましょう。

そのほうが、相手にとっても、謙遜されるより気持ちいいんです。

だって「いえいえ、そんなことないです」と否定したら、「あなたのことをすごい」と感じた相手のセンスを否定することになるから。

逆に、「ありがとうございます」とか「うれしいです」と言えば、相手のセンスを受け取ったということになります。

こっちのほうが、謙遜するよりもずっとすがすがしいと思いませんか？

自分を認め、他人のセンスを素直に受け入れてみると、きっととっても心地がいいことに気づくはずですよ。

「私、すごいんです」と宣言しよう

「謙遜とおさらば」を覚えたら、さらに、もうワンステップ進んでみましょう。

突然ですが、次の言葉を声に出して言ってみてください。


「私、すごいんです」


心の中ではなく、きちんと声に出してみてくださいね。

ハッキリと元気よく言えたでしょうか？

「そんなこと、絶対に言えない」と思うでしょうか。

「だって、全然すごい結果なんて出していないし……」

「まだまだ自信も持てないし……」

そんな思いから、口にするのがはばかられたかもしれません。

「自分がすごいだなんて考えたこともないから、言えるはずがない」と思うかもしれません。

でも、先ほどの謙遜と同じで、「私は全然すごくない」と言っているうちは、現実は変わりません。

「思ったこともないこと」を声に出すことで、「思ったこと」に変わり、その現実が訪れるのです。

とはいえ、最初から人前で言うのはさすがにハードルが高いと思うので、鏡の前に立ち、一人でこっそりと言ってみましょう。

誰も聞いていないはずなのに、とてつもなく口に出すのがしんどかったり、妙に恥ずかしかったりしませんか？

このしんどさ、恥ずかしさは、あなたが常日頃、それぐらい自分を抑圧しているという証《あかし》です。

でも、何度もトライしているうちに、今度は顔が赤くなったり、汗ばんできたりするかもしれません。

これは、あなたの細胞が喜んでいる証拠。

体が「やっと自分の魅力を自分に認めてもらえた」と喜んで、勝手に体温を上げたり、汗を出したりしているのです。


これをクリアできたら、さらに一歩先に進んでみましょう。

「私、すごいんですけど何か？」

「私がすごいことで、あなたにご迷惑をおかけしましたか？」

これを笑って言えるようになることです。

さらに、人前で宣言できるようになれば完璧！

そして、「私、すごいので」という前提をもとに、これまで「私はすごくないから」という前提で必死に頑張ってきたことをやめてみましょう。


私、すごいので、この仕事はしません（と堂々と断る）。

私、すごいので、この給料では働きません。

私、すごい営業職なので、このクライアントは担当しません。

私、すごい事務職なんで、お茶くみとコピー取りはしません。

私、すごい企画職なんで、勤務時間外にはメールにも電話にも応対しません。

こんな具合です。

そのうえで「好きな仕事」に全力を注ぐのです。


僕はこれまで、たくさんの人にこのトレーニングをやってもらいましたが、多くの人が、最初はモジモジしたり、なかなか口に出せなかったりするものです。

その一方で、「恥ずかしくもなんともない」と言う人もいます。

こういう人はたいてい罪悪感を持たない「オーガニックタイプ」の人。

自分のことを全肯定しているから、羞恥心なく「すごい」と宣言できるんです。

「すごいと宣言しておいて、大したことなかったら恥ずかしい」と考えてはダメ。

自分のことを「すごい」と信じているからこそ、「すごい」前提の行動をして、すごいと思う結果がついてくる。

結果があるから「すごい」のではなく、思考が先なんです。

「すごい」という思考があるからこそ、現実となって後からやってくるんです。

「自分は嫌われている」を大前提に

カウンセリングやセミナーを通じて実感するのが、職場での人間関係に神経をすり減らしている人がたくさんいるということ。

「職場で嫌われたら仕事がやりづらくなる」という強迫感から、無理に笑顔を作り、嫌なことも引き受け、断れずいい人を演じてしまう。

気持ちはよく分かります。

では、お聞きしますね。

あなたはいったい誰に嫌われたくないのでしょうか?

○○さんと××さん、とすぐに名前が出てくる人のほうが少ないのではないかと思います。

なぜなら、「嫌われるのが怖い」という人は、「嫌われる相手が誰であるか」よりも、「『人から嫌われている』という空気自体に耐えられない」という場合が多いからです。

つまり、「嫌われるのが厭《いや》」というのは、「目には見えない敵」と永遠に終わらない戦いを繰り広げているようなものなのです。

だったら、こうしてみてはどうでしょうか。

蹴散らしてもダメなら、思い切ってその空気をグッと飲み込んでみるのです。

飲み込めば、ネガティブな空気は見えなくなります。

「飲み込む」とは、具体的にどうするのかというと、「嫌われている」というのを自分が認めてしまうということです。

人はみんな誰かしらに嫌われているんです。

先に挙げた納豆の例のように、あなたがどんな人間であろうと、我慢していても、好きにしていても、嫌う人は勝手に嫌うし、悪口を言いたい人は勝手に言うものなんです。

つまり、嫌われないように努力したって、好かれる努力をしたって、嫌われるんです。

好き放題に生きていても、嫌われないように頑張って生きていても、結局嫌われる。

だったら、自分が嫌われていることを認めて、ラクになっちゃったほうがいい。どうせ嫌われるなら、我慢して嫌われるよりも、好きなように自由に生きて嫌われたほうがいい。

僕はそう思うのです。

「つらいから、
会社やめます」
が言えないあなたへ

「正義の味方」「気配り上手」は卒業しよう

どんな職場にも、正義感の強い人や、とても気が回る人がいます。

たとえば、上司から理不尽な目に遭わされている人を見たら、本人に代わって、社の上層部に直訴してあげたり、失敗した人をかばったり、みんなが仕事をスムーズにできるように先回りしてあれこれ気配りしたり。

特に戦略型の人は、気がついて「しまう」。

傍から見ると、とても立派なおこないだと思います。

でも、ストレスなく「正義の味方」や「気配り上手」でいられるうちはいいのですが、たいていの場合、だんだんしんどくなってきます。

というのも、自分がどれだけ人のために頑張っても、自分が期待しているほど感謝されるとは限らないから。

そんな時、「正義の味方」や「気配り上手」の心には不満がムクムクと湧き上がります。

そして、

「みんながやりやすいように工夫してあげたのに（みんなはそれに気づいてくれなかった）」

「○○さんがかわいそうだから、直訴してあげたのに（○○さんは感謝してくれなかった）」

「□□さんが困っていたから、助けてあげたのに（□□さんは私のことを助けてくれなかった）」

と、不満の矛先が相手に向いてしまうのです。

これは、知らず知らずのうちに「見返り」を期待している証拠。

「感謝されたい」「自分にも同じことをしてほしい」と思っているからこそ、期待した見返りが得られなかった時に、不満を感じてしまうのです。

しかも、誰かにお願いされたことならまだしも、自発的な行動であっても、この不満は湧き起こってきます。

というのも、たとえ自らすすんで行動したとしても、その裏には「自分以外の誰かのために」、つまり他人の期待に応えたいという気持ちがあるからです。

もし、相手の期待なんて考えずに、純粋に自分が好きでやっただけのことなら、見返りが得られなくても不満はたまらないはず。

人の期待に応えようと頑張れば頑張るほど、「私はこれだけやってあげたのに」という不満がどんどんたまってしまいます。

だから、人の期待になんて応えようとしなくていい。

良い人だと思われようとしなくていい。

職場の調和を取ろうと頑張らなくていい。

「正義の味方」も「気配り上手」も、卒業しちゃっていいんです。

人のためではなく、自分が心地いいかどうか。

自分が楽しめるかどうか。

それを行動の基準にしてみましょう。

「でも、私がやってあげないと職場の雰囲気が悪くなる」とか「私が手伝ってあげないと仕事が回らなくなる」と思う人がいるかもしれませんが、決してそんなことはありません。

不思議なことに、みんなが「自分に快適なことをしよう」と考えていると、「結果として」その歯車がピシッと合うようにできているもの。

だから、「職場の調和取り係」なんてものは、そもそもいらなかったんですね。

あなたが進んで苦労を買って出た結果、がっかりして不満をためる必要なんてまったくないということなんです。

「罪悪感の押し売り屋」にひっかからないで

危機感を持たないと、ダメ人間になる。

世の中を甘く考えていると、えらい目に遭う。

ちゃんとしていないと、見捨てられる。


これらはすべて、あなたの心を支配する「呪い」です。

そして、この呪いは、労働者を使う側の人間――つまり、経営者にとっては、すごく都合がいい「魔法の言葉」。

だって、経営者にとっては、自分の好きな仕事だけやっていたり、遠慮なく休暇を取ったりする社員よりも、頑張って我慢強くて人の二倍も三倍も働いてくれる社員のほうが都合がいいに決まっています。

それに、あなたがもしも頑張りすぎて過労死したとしたって、経営者はあなたの代わりの人を配置するだけ。

しかも、部下にはしっかり働かせるのに、自分はゴルフをしたり、銀座で豪遊していたりする経営者だっています。

でも「呪い」にかかっているうちは、そんなことに気づけません。

そして、自分が信じている「呪い」から外れている人を見ると、人は妙に不快感を覚えます。

「私は頑張っているのに、どうしてあの人はラクしているの？」とイライラしてきます。

だから、好きなようにのびのびと仕事をしている人に「もっと努力しないとダメ」とか、「ラクするのは悪だ」とか、「みんな我慢しているのに、あなただけ休暇を取るなんて」などと「罪悪感」を押し売りしてしまいたくなるのです。

あなた自身は、他人に罪悪感を押し売りしていませんか？

ラクしているように見える後輩に、「仕事ってそんなに甘いもんじゃないぞ」なんて言っちゃったりしていないでしょうか。

自分ではいいことを言っているつもりでも、その後輩にとっては大迷惑でしかありません（笑）。

「罪悪感の押し売り屋さん」がたくさんいる職場は、みんなが周囲を見張り、見張られているような気持ちになり、なんだか雰囲気がギスギスします。

ギスギス地獄から抜け出したいなら、まずは自分自身を呪いから解放してあげましょう。

つまり、他人を頼り、迷惑をかけ、たくさん甘え、サボる。

自分が迷惑をかけていると、そのうちに、自分だけではなく人にも甘い「ユルユル人間」になってきます。

すると、これまであれほどイライラしていたことや腹が立って仕方がなかったことが、まったく気にならなくなるのです。

あなたが、ユルユル人間になって、心を穏やかに保ちながら仕事ができるようになると、職場の人はきっと驚くことでしょう。

それは、悪い意味での「驚く」ではなく、自分にも他人にもおおらかな「つき合いやすい人」になったという証拠でもあります。

一方で、そんなあなたのことを快く思わない人も出てくるかもしれません。

その人が、もし罪悪感の押し売りをしてきたら……もうお分かりですよね。

「もっと頑張らないとダメ」とか「世間は甘くない」なんて言葉を真に受けて、恐れる必要なんてありません。

「ですよねぇ〜」と、にっこり笑って受け流せばいいだけです。

「嫌いな人」こそあなたのキーパーソン

突然ですが、職場であなたが嫌いな人や軽蔑している人ってどんな人ですか？

無責任な人、他人を振り回す人、冷酷な人、サボり癖がある人。

いろいろあるかと思いますが、実は、その人こそ、あなたが生き生きと働けるようになるためのキーパーソンです。


そう言うと、「人のふり見て我がふり直せということですか？」と聞かれます。

いいえ、違います。

その真逆で、あなたが嫌いな人、軽蔑している人の言動を真似してみてほしい。

「絶対に嫌です！」

「あんな迷惑な人にだけはなりたくない！」

誰もが声をそろえて言います。

でも、あなた、本当はその人みたいに嫌な仕事を断りたいんじゃないですか？

同僚が困っていても、気づかないフリしてやりすごしたいんじゃないですか？

みんなが残業していても、自分だけサッサと帰りたいんじゃないですか？

空気を読まず、繁忙期に休暇を取ったりしたいんじゃないですか？


「私はそんな無神経な人間じゃありません！」とあなたは否定するかもしれません。

では、こう考えてみてください。


仮に、あなたがダイエット中だとします。

そんな時に、目の前でケーキをとってもおいしそうに食べる人がいたら……。

きっとイライラしますよね。

「私はこんなに頑張って我慢してるのに！　私だって本当は食べたいのに！」って思いますよね。

職場の嫌いな人に対する心理って、これと一緒なんです。

「自分だって本当はそうしてみたい」という心理が奥深くに隠れているから、イライラしたり、ムカついたりするんです。

そうやって自分の陰の部分を見てしまったら、とてもショックだし、認めたくないですよね。

だって、「私はそんなひどい人間じゃないはずだ」って思って生きてきたんですから仕方のないことです。


でも、陰の部分も含めてあなたという人間です。

サボりたがり屋で、人に冷たくて、けっこうだらしないところもあなたの一部。

それに気づくと、カウンセリングではたいていの人が号泣してしまいます。

ええ、思いっきり泣いていいんです。

だって、すごくショックだから。

だって、本当はそうだけど、そのままだとお母さんに怒られたり嫌われるから、そうならないようにこれまで生きてきたんですもの。

でも、泣いて泣いて泣きやんだら、笑ってしまいましょう。

思いっきり開き直っていいんです。

そして、開き直ったら自分のポリシーに合わないことを、どんどんやってみましょう。

「こんなヤツにだけはなりたくない」と思っている人の真似をしてみるんです。

なんなら「師匠」と呼びましょう。

「すごいですね。よくそんなことできますよね‼」って（笑）。

すると、これまでは「我慢ならない」と思っていた人の行動を許すことで「自分もそれをやっていいんだ」と、自分のことも許せるようになります。

そして、自分の知らない価値観や自分の知らない一面がどんどん見えて、あなたの世界はグンと広がっていくのです。


あなたは、自分が思っている何億倍も最低で、何万倍も最高の人間です。

それを受け止めることで、自分の心のあり方も、職場の人たちへの感情も大きく変わってくるのです。

第5章

解決しないなら
やめちゃおう

「やめる、やめないの境界線」はどこにある？

ここまでは、あなたがもっとのびのびと、楽しく働けるようになるためのトレーニングについてお話ししました。

今、会社をやめようかどうか悩んでいる人もこのトレーニングを実践するうちに、心の持ち方が変わるかもしれません。

そのことで、仕事がつらくなくなったり、「会社をやめたい」と思わなくなる可能性はおおいにあります。

それでもやっぱり仕事がつらい。

会社をやめたい。

そう思うならば、僕から一つ提案があります。

もう、会社をやめちゃいましょう。

やめていいです‼


「いや、まだもう少し頑張れる」

「まだ、限界に達してないから」

そんなふうに思うでしょうか。

なかには、「このぐらいまで追い込まれたらやめよう」と、やめる境界線を設定している人もいるかもしれませんね。

でも、そのラインを超えたら果たして本当にやめられるのでしょうか。


マラソンならば「しんどいけれど、次の電柱まで走ろう」と自分を鼓舞しているうちに、なんとかゴールに辿りつけます。

そして、走り切った者だけにしか味わえない達成感に酔いしれることができるでしょう。

でも、仕事はマラソンと違って、ゴールテープの位置が固定されていません。

そして、頑張る人ほど、ゴールテープに近づいたと思っても「まだ頑張れるはず」と、テープの位置をどんどん先に延ばしてしまいがちです。

これでは、永遠にゴールできないマラソンを走っているようなもの。

いつか息切れしてしまいます。

こうして、我慢に我慢を重ねた末に、過労で倒れて入院してしまう人もいます。

また、体は持ち堪《こた》えても心が悲鳴をあげてしまう場合だってあります。

うつ病になる人は心の弱い人ではなく、ある意味、我慢強い人なのかもしれません。

極限に達するまで我慢ができてしまうから、自分の心が限界になるまで耐えてしまうんですよね。

そしてある時、急に心のブレーカーが落ちて動けなくなってしまう。

でも、我慢はなんの役にも立ちません。

「ここまでいったらやめよう」と、「やめるための境界線」を探すのは終わりにしませんか。

「やめるための境界線」なんてものは、そもそも存在しないのですから。

それに、やめる、やめないの基準は、「未来の自分が、この状況に耐えられているのかどうか」ではありません。

「今」、あなたがどうしたいのか。

それが一番重要なんです。

「やめて、いいよ‼」

「やめても大丈夫な根拠」はあなたの心が決める

こういうことを言っていると、「会社をやめても大丈夫という保障はどこにあるんですか?」とよく聞かれます。

そう聞きたい気持ちはとてもよく分かります。

不安だからこそ、「大丈夫」というお墨つきが欲しいんですよね。

ですが……はっきり言っておきましょう。

「やめても大丈夫」なんていう保障は、どこにもありません。

そもそも、未来は人の数だけあるのですから、あなたの未来がどうなるかなんてことは、誰にも分かりません。

だから、もし僕が「会社をやめても絶対に大丈夫ですよ!」なんて断言したなら、そっちのほうがウソくさいと思うのです。

だったらどうすればいいのか。

それは、「やめても私は大丈夫」と信じることです。


第2章でもお話ししましたが、大丈夫とは「うまくいくこと」ではありません。

のびのびと楽しそうに生きている人は、たいてい「ひどい目に遭うかもしれない。でも大丈夫」と心のどこかで思っているものです。

そのような人たちは、嫌なこと、苦しいことが、結果的に「うまくいくこと」につながることを知っているからです。


と言うと、「やめても大丈夫な根拠は何？」という声が挙がりそうですね。

根拠は、自分自身が「大丈夫」と信じること。

それ以上、それ以下のなにものでもありません。

逆にいえば、周りがどんなに「大丈夫だよ」と言ったって、本人が「大丈夫」と思えなければ、大丈夫ではないのです。

仮に、10年後のあなたがタイムマシンでやってきて、「君は大丈夫だよ。これからすごく幸せな人生が待っているよ」と言ってくれたとしましょう。

でも、今の自分が「大丈夫」と思えないのであれば、未来の「自分」の言うことが信じられません。

しまいには、「あなたは本当に10年後の私なの？　その証拠を見せて」などと言い出しかねませんよね。

これでは、いつまでたっても「大丈夫」にはなれず、「大丈夫」の根拠を探し続けるだけ。

しかも、その根拠って、自分が「大丈夫」だと思えない限りは見つからないものなのです。

だから、「大丈夫」の根拠を探す旅は、もう終わりにしましょう。

そろそろ「大丈夫」の年貢の納め時なのです。

会社をやめたら、収入が下がるかもしれない。でも「大丈夫」。

「だからやめなきゃ良かったのに」と周囲に言われるかもしれない。でも「大丈夫」。

家族を悲しませるかもしれない。でも「大丈夫」。

友達から軽蔑されるかもしれない。でも「大丈夫」。

苦しい思いをするかもしれない。でも「大丈夫」。

まずはそう信じてみることが、「大丈夫」につながるのです。

「大丈夫かも」から始めてもいい。


それでも「大丈夫」と思えない人は、こう考えてみてはどうでしょうか。

今、あなたは仕事に苦しんでいる状態で、すでに「大丈夫ではない」のですよね。

つまり、会社をやめてもやめなくても「大丈夫ではない」ということになります。

でも、やめてしまえば、少なくとも自由は手に入ります。

どちらにしろ「大丈夫ではない」のなら、「会社から解放されて自由になる分だけ、やめたほうマシ」と考えてみるのです。


もう一度、言っておきましょう。

会社をやめても大丈夫、誰に何を言われても大丈夫。

あなたは、大丈夫な人間なのですから。

「やめたらヤバイよ攻撃」には「ですよねぇ～」

「会社をやめよう！」と決断し、それを同僚たちに明かすと、だいたい誰かがあなたにささやいてきます。

「やめたらヤバイよ」と。

「収入がなくなってヤバイよ。生活できなくなるよ」
「再就職できなかったらヤバイよ。不安で仕方ないって」
「精神的に追い込まれてヤバイよ。うつ病になるよ」

ですが、よくよく聞いてみると、これらの情報はほぼすべて言っている本人が体験したことではなかったりするものです。

もっと言うと、「会社をやめたら、収入が途絶えて餓死した」とか「精神的に病んで自殺した」などという情報は、たいていどこかで聞きかじっただけの情報だったりします。

自分の直接の知り合いの体験ではなく、「インターネットのどこかのサイトで読んだ」というレベルの話だったりするわけですね。

つまり、それこそ「なんの根拠もない情報」なのです。


でも、人は不安だとポジティブな情報は耳に入って来ず、ネガティブな情報ばかりをキャッチしてしまう生き物です。

退職を決める時は、誰だって不安な気持ちになるでしょう。

そして、ネガティブ情報を信じ込んで、振り回されてしまうのです。


視点を変えて考えてみましょう。

同僚たちは、どのような気持ちから、「やめたらヤバイよ」とあなたに助言してくるのでしょうか。

親切心？

それとも嫉妬？

それとも「知らない」だけだったり。

そもそも、幸せに生きている人は、他人がやろうとしていることを批判したりしません。

他人を批判するのは「我慢しながら生きている人」。

自分が怖くて我慢しているから、そこから解放されて羽ばたこうとする人を疎ましく感じてしまう。

だから、我慢している人の言うことを真に受けていたら、たちまち抑圧の世界に引きずり込まれてしまいます。


その点で考えてみても、現在職場にいる人には、退職の相談をしないほうがいいですよね。

あなたの職場の重症度が高ければ高いほど、残っている人たちから「やめたらヤバイよ」攻撃が繰り出される可能性が高いからです。

相談するなら、あなたの会社を退職して、その後、楽しく生き生きとしている人を選んでください。

そして、「やめたらすごくハッピーになった」「最初は不安だったけど、結果的にはやめて本当に良かった」というポジティブな情報だけを信じればいい。

それでも、自分の周りに漂う不安やネガティブな空気に支配されてしまいそうな時は、その空気をグッと飲み込んでください。

そして「この不安は、なんの根拠もない不安。だから、私は大丈夫」と胸を張る。

同じ「根拠がない」のであれば、「ヤバイ」ではなく「大丈夫」を信じていればいいのです。

「好きな仕事なら理不尽も当然」というウソ

会社をやめられない理由の一つに、「今の仕事が好きだから」を挙げる人がいます。

あまり好きではない仕事なら未練も少ないでしょう。

でも、「職場はしんどいけれど、仕事の内容自体は好き」というケースは、なかなかやっかいかもしれません。

「せっかく好きな仕事に就けたのだから……」と、「好き」を理由につらい状況に我慢をしてしまいがちだからです。

それには、「好きならば、文句を言ってはいけない」という強迫にも似た考え方が関係しています。

たとえば、こんな経験はありませんか？

「仕事がつらいんだよね」とこぼしたら、友人に、

「いいじゃない、好きなことやっているんだから。世の中の多くの人は、生活するために好きでもない仕事をしているんだよ」

と返される。

こう言われてしまったら、もう愚痴が言えなくなってしまいますよね。


やりたいことをやっているんだから、仕事がきつくても文句を言うな。

好きなことをさせてもらってるんだから、給料が安くても当たり前。

本当に好きなら、どんな我慢だってできて当然だろう。


そんなことが、日本ではまるで美学であるかのように語られてきました。


でも、本当に美学なんでしょうか。

僕には、「もっと休みたいと言われたら困るから」とか「もっと給料を上げてく

れと言われたら嫌だから」という、経営者側に都合がいい言い訳のようにしか思えません。

「好き」と「我慢」は交換条件ではないはずです。

不思議なことに、自分が「好きなことをしているんだから、我慢しないと」と思い込みながら働いているうちは、周囲の人も「好きなことをしているんだから、文句を言うな」と言ってきます。

だから、ますます文句を言えなくなって、どんどん苦しくなる。

でも、僕は思うんです。

せっかく好きなことをしているのに楽しめないんだったら、すごくもったいないなぁって。

好きなことをしているのに苦しいんだったら、すごく寂しいなぁって。

「好きなことをしているんだから、やめられない」ではなくて、「好きなことをしているから、楽しい」になってもいいはずです。

少なくとも僕はそうなりました。

「我慢＝美徳」ではないし、我慢はあなたの心を救ってはくれません。

好きなことをしているからこそ、豊かに、幸せになっていい。

だって、自分らしく生きているんだもの。

そう考えれば、「好き」は、あなたをつらい職場に縛りつける理由ではなくなるはずです。

やめるからこそ天職が見つかる

今の仕事が自分に向いているのかどうか分からない。

それが原因で、仕事をやめようかどうか悩む人もいるでしょう。


結論から言うと、「向いてないと思い悩むぐらいなら、サッサとやめちゃおう」と僕は思います（笑）。


でも、「向いていない」というのは思い込みにすぎないかもしれません。

「あの人はもっとできているのに、自分は同じようにできない」とか、

「どうせ自分なんて、何をやってもダメ」

などという劣等感が、判断力を鈍らせてしまっている可能性もあるからです。

だから、本当にその仕事に向いているかいないかを見極めるのは、なかなか難しいことだと言えます。

そこで、自分が向いているか否かを確かめる唯一の方法があります。

それは、仕事をやめること。

一度やめてみて、もし「ああ、やっぱりこの仕事が好きだったんだ」と寂しくなるのであれば、それは向いていたということ。

逆に、それほど未練が残らなかったなら、向いていないということだと思うのです。

「でも、向いていると気づいたところで、会社やめちゃっていたら遅いじゃないか」と思うでしょうか。

いいえ、全然遅くなんてありません。

だって、もう一度就職し直せばよいのですから。

同業他社でもいいですし、場合によっては、今までいた会社に戻るのもアリかもしれません。

「そんなこと、できるはずがない」と思うかもしれませんが、それは、今まであなたの会社に「出戻り」をした人がいなかっただけのこと。

あなたが「出戻り第一号」になったっていいのです。


出戻るぐらいなら、やめなくたって一緒じゃないか。

そんな声が聞こえてきそうですが、これは絶対に違います。

だって、やめてみたおかげで、少なくとも「この仕事が本当に好きだ」ということは確認できたからです。

もし、やめずに続けていたら、ずっとモヤモヤした気持ちを抱えたまま働いていたかもしれません。


たまに「自分に向いている仕事を見つけるにはどうすればいいですか?」と聞かれることがあります。

この質問への答えをひと言で言うと、

「分からん」です（笑）。

なぜなら、「どうやったら宝くじが当たりますか」という質問と同じようなものだから。

　高額当選者がたくさん出る売り場に並んだり、購入した宝くじを神棚に置くなど、巷《ちまた》ではありとあらゆる「当たると言われている方法」がありますが、「これ！」と決め打ちできるノウハウなんてありません。

　ただ、確実に言えるのは、「買わないと、絶対に当たらない」ということ。

　自分の天職を探すのも、これと同じことが言えます。

　つまり、行動を起こさないと、向いている仕事には出会えないのです。

　一度やめてみたからこそ分かることって、意外なほどたくさんあります。

　自分のことも、職場のことも、やめたからこそ、フラットな視点で冷静に眺めることができる。

　それだけでも、「会社をやめる価値」は十分あると言えるのではないでしょうか。

踏み出すことでしか恐怖は消えない

前述のように、僕も19年勤め続けた会社をやめた経験があります。

「やめるの、怖くなかったですか？」

カウンセリングや取材で、決まってこう聞かれます。


正直、めちゃくちゃ怖かったです。

怖いに決まってるじゃないですか（笑）。

後悔もいっぱいしました。

一番の不安は、やはり金銭面。

すでに結婚して家族もいたので「家族を路頭に迷わせてしまったらどうしよう」という恐ろしさから、なかなかやめることを決断できずにいました。

でも、悩んでいるうちに気づいたんです。

「もしかしたら、悩んでいるうちは、恐怖って一生なくならないんじゃないか」と。

バンジージャンプを思い浮かべてください。

綱を体につけたあなたの眼下には、目がくらむほどの断崖絶壁。

もちろん、怖くて仕方がありません。

でも、「怖くなくなったら飛ぼう」と思っていたら、一生飛ぶことはできませんよね。

なぜなら、そこにいる限り恐怖感が消えることはないからです。

だから「怖いよ〜、怖いよ〜」と言いながら、目をつぶって思い切って飛ぶ。

エイ、ヤアッ！

すると待っていたのは……

予想もしていなかった爽快感（と言いつつ、僕はバンジージャンプが飛べずに歩いて降りてきましたが）。

飛ぶ前にはあれほど怖がっていたのに、いざ飛んでみたら怖さはすっかり消えて、「楽しい、おもしろい！」が待っている（はず）。

会社をやめるのもこれと同じです。

「怖さを消すために、きちんと将来の準備をしてからやめよう」という人もいるかもしれません。

もちろん、退職後の人生への準備をすることは悪いことではありません。

ですが、準備をしたら恐怖は消えるのかというと、そうでもなかったりします。

ある程度準備を終えたら、「もっと準備をしておかないと」と不安になってしまいがちだからです。

たとえば、「次の就職に有利になるように資格を取ってからやめよう」と考えても、いざ資格を取得したら、「本当に再就職できるんだろうか」と思い悩む。

「次の職場を決めてから」と考えても、再就職先が見つかったら「新しい職場でうまくやっていけるだろうか」と不安になったりする。

準備ってどこまでやっても、キリがないんです。

慎重な人ほど、「恐怖感がなくなってからやめよう」と考えがちなのですが、恐怖が消えるのを待っていたら、一生会社をやめることはできないでしょう。

そうやって怖くなくなるのを待っているうちに、仕事に疲れ果てて、やめる気力すら湧かなくなってしまったら……本末転倒ですよね。

怖いのは誰しも同じです。

「怖い怖い」と思いながら飛び込むことで、怖さは初めて消えるのです。

「最悪の妄想ワーク」で不安を笑いに変える

「会社をやめるのが不安で仕方ない」というあなたのために、ここで僕が退職後のあなたの人生を予測してみますね。

会社をやめる
↓とりあえず失業保険をもらう
↓その間に就職活動したけれど全部落ちる
↓失業保険の受給期間が終わる
↓お金がないからとりあえず働かないと
↓すぐに雇ってもらえるのは、肉体労働だけ
↓長年の運動不足がたたって、初日で体がボロボロに
↓翌日には現場で足を骨折して動けなくなる

↓入院しているうちに気持ちがどんどん滅入ってくる
↓見舞いに来た友人から「だから仕事やめなければよかったのに」と言われて涙目
↓退院した後、何もやる気が起きず毎日家でボーッとして過ごす
↓気づいたら財布の中に１００円しかない！
↓ご飯を買えないので、近所のコンビニで万引き
↓あえなく見つかって警察の御用に……

どうでしょうか？

「いくらなんでもひどすぎる！」と思いますよね。

そして、きっと「私は、ここまでひどくなるわけないでしょ」と鼻で笑ってしまったことでしょう。


僕はこれを「最悪の妄想ワーク」と呼んでいます。

不安を徹底的に突き詰めて、考え得る最悪の妄想をどんどん膨らませていく。

そうやって、マイナスの状況ばかりをどんどん突き詰めていくと、なぜか最後に

は笑いしか出てこなくなるんです。

僕は、カウンセリングで「最悪の妄想ワークをとにかく死ぬほどやってくださ い」と言っています。

すると、みなさん将来に不安を抱えていたはずなのに、この最悪の妄想ワークをやると、誰もが最後は大笑い。

そして、「私、なんだか大丈夫そうな気がしてきました！」と、「根拠のない大丈夫」がムクムクと湧き上がってくるのです。

「最悪の妄想ワーク」をやる際のポイントは、本当に最悪のところまで突き詰めること。

「就職活動したけれど全部落ちる」↓「その後のことは考えるのが怖いからここでやめておこう」

などとうやむやにせずに、徹底的にマイナスの状況だけを思い浮かべます。

不安が不安なのは「不安の中身」が見えないから。

だから不安を「具体化」して妄想しまくってみる。

そして「もうこれ以上思いつきません！」というところまで突き詰めたら、「私はここまでひどくはならないし」と笑って終わらせてしまえばいいのです。

どうせやめるなら「立つ鳥、跡を濁す」

「会社をやめよう」と決意した後も、本当にやめるまでにはさまざまなハードルが立ちはだかります。

たとえば、

「君がいないと困るんだ」と上司に引き止められる。

「今年いっぱいまではなんとか続けてほしい」などと慰留される。

そうこうしているうちに、ズルズルとやめられなくなってしまう……なんてこともありがちです。

そこで、やめると決意した人におすすめしたいことがあります。

それは、「やめる日」を会社と相談せず、自分で決めること。

期末や年末など、切りのよい日を退社日に選ぶ人が多いのですが、「やめる日は切りのよい日じゃないとダメ」と決められているわけではありません。

むしろ、切りのよい日にやめようとすることで、ズルズルとやめるタイミングを逸してしまうことさえあります。

そこで、切りのよい日を待つのではなく、先に退社の日を設定してしまうのです。

期末、月末やヒマな時期にこだわる必要なんてありません。

ましてや「忙しい時期は避けよう」なんて言ってたらまた誰かに先にやめられて、あなたはやめられなくなります。

「なんでもない普通の日」にやめたって一向にかまわないのです。

「どんな日にすればいいのか分からない」という人は、サイコロで決めてもいい。

どんな日であれ、あなたがやめると決めた日が「会社とおさらばする日」なのです。

「切りの悪い日にやめたら、会社に迷惑がかかる」

「上司から文句を言われるに決まっている」

そんな声が聞こえてきそうですね。

上司からの文句？

当たり前じゃないですか（笑）。

でも、あなたは会社を去る人間なのだから迷惑をかけまくってかまわないのです。

「立つ鳥、跡を濁さず」という言葉がありますが、この逆で、跡を濁しまくってやめてしまうのです。


「後任のことを考えて、引き継ぎ資料をきっちり作っておけよ」

「最後まで完璧に仕事をするのが、やめる者の責任だ」

「退職日までに仕事が終わらなければ、延長して働いてもらうからな」

上司や先輩のこんな言葉は、すべてゆるっとスルーしてしまいましょう。

どうせやめるのですから、後のことがどうなろうと、あなたの知ったことではないのです。

「そんな態度ならクビにしてやる！」と言われるかもしれませんね。

ええ、クビ上等です（笑）。

どうせ退職するなら、自己都合ではなく会社都合のほうが、失業手当が早い時期に受け取れるなどのメリットがあるから。

退職金の金額が割り増しされることもあります。

「クビにされたらラッキー」ぐらいに、ド〜ンと構えていましょう。


怒られてやめさせられるのを恐れなくても、大丈夫。

そう思えた時、あなたはもう怖いものナシなのです。


最後に簡単な魔法の呪文をあげましょう。

「私、もう会社やめていいかな〜……」って口に出してみて。

ミラクルが起こるから。

おわりに

ここまでお読みいただき、ありがとうございます。

予想どおり「それができれば苦労しないよ」「理想論だよ」「そういうわけにいかないんだよ」「簡単に言わないでよ」「それは強い人しかできないよ」……なんていう怒り、そして悲しみが湧き上がってきた人もいるのではないかなぁ、と思います。

僕自身も19年間の会社勤め時代は「頑張ること」しか知りませんでしたから。「サボる」「なまける」「丸投げ」なんて言葉を一番嫌ってましたから。

でも、その結果、いっぱい抱え込んで、なのに評価してもらえなくて、イライラを周りにまき散らす、という「超絶」迷惑なやつでした。みなさんの中には、僕のような人もいれば、「わたしが悪いんです」「わたしができないからダメなんです」という「自分責め」で職場をどんよりさせている人もいるでしょう。本文にも書きましたが、こういう人のことを、心屋は「頑張る教」に入信してる人、と言ってます。
「頑張る教」は、「がんばる」「ガマンする」「わたしがやる」という、三つの「が」を必死に守って、それをやっている限り、いつか報われる、報われないのはその三つの「が」が足りていないからなのだ……と鬼の形相で走り続ける宗教です。

そして、この宗教の根っこは、本文にもありましたが「お母さん」です。お母さんを笑顔にしたい、がっかりさせたくない、悲しませたくない、怒られたくない、嫌われたくない。でも、そうしてきてしまった自分は「ダメな人間だ」という、罪悪感や無力感、そして劣等感があなたを走らせるのです。

だからこそ、「わたしが」「頑張って」「我慢する」という行動に出るわけです。
そして、結果として、心も体もつぶれてしまう……。ぼくも、つぶれるまでは行きませんでしたが、その一歩手前で会社を飛び出しました。

なのに！　独立してもまだその「頑張る教」に入ったまんまなので、またついつい頑張ってしまっていたのです。やがて、その仕組みに気づいて「頑張る」「我慢する」「わたしがやる」の真逆をすればいいのだと分かりました。そう、いちばん「やってはいけない」と思っていたこと。

それが、頑張らない＝なまける、我慢しない＝好きなことだけする、わたしがやらない＝人に頼る、迷惑をかける、でした。

でもこれは、「頑張る教」に入っていた自分にとっては「相当な覚悟」が必要でした。それは、嫌われる覚悟であり、ダメなやつであるという覚悟、もっと言うと「罪を犯す」ぐらいの覚悟でした。でもこれは、結局は「お母さんに嫌われる覚悟＝親不孝」という、なんとも情けない根っこだったのです。

「そんなことをしたら嫌われる」。自分のことを、その程度だと信じていたのです。そして、周囲の人のことを「その程度のことでわたしを嫌う人たち」だと信じていたのです。それって、とっても失礼。

だから「嫌われても自分は大丈夫」という「根拠のない大丈夫」を持つことにしました。最初は、「大丈夫かも」くらいです。それでも最後は「大丈夫」になります。「大丈夫な証拠」がいっぱい集まってきます。

そう、あなたは、サボっても、頑張らなくても、役に立たなくても、できなくても、薄情でも、期待に応えられなくても、いろいろやらかしても、迷惑をかけても「大丈夫」なんです。

僕は、この「根拠のない大丈夫」のことを「根拠のない自信」と言っています。根拠のない自信の対極が「根拠のある自信」です。つまり「条件つきの自信」です。

その「条件」を手に入れるために、日夜「アプリ」を動かし「自分らしさ」を否定し、「デキる誰かのように」なろうと生きていました。でも、自分らしく生きないで、人生がうまくいくはずないんですよね。

「嫌です」「無理です」「できません」「やりたくないです」。これは「根拠のない自信」がないと言えない言葉です。逆に、この言葉が言えるようになると「根拠のない自信」に「気づく」のです。

そうして、「ちゃんと仕事する」ではなく「ちゃんと断る」をして、好きな仕事だけを夢中でやると、仕事がつらいとか、やめたいって気持ちがなくなるんです。そもそもやめる必要がなくなったりするんです。

でも、衝動的にやめてしまうのもアリです。

そのつらさから一度抜け出して、ゆっくり考えてみるのもいいですよね。

「死ぬぐらいなら会社やめればいいのよ」と、外野は言います。でも渦中にいると、とてもそんなことは思えない。でもあなたは、この本を手に取った。そして、間接的に心屋に出会った。だから、もう大丈夫です。

勇気を出して、断る、もしくは、もう、やめちゃう‼

「頑張ること」に逃げないでほしいのです。「断る」「やめる」「嫌われる」が怖いから「頑張るに逃げた」だけなんです。

僕と出会ったあなたが、このまま勇気を出して人生が変わっていくところを、ここから見守っています。今は勇気が出せなかったとしても、「ある日突然」勇気が出せる日がやってくるのです。それも含めて、僕は見守っていますから。

人を助ける前に、自分を助けよう。結果としてそれが人を助けることになるのだから。

期待に応えなくても、人を助けなくても、がっかりされても、
自分のせいで負担をかけても、ムッとされても、
冷たいやつ、ひどいやつ、使えないやつ、と思われても、
そう思われるくらいがちょうどいい、そう思われるくらいが生きやすい。
いい人劇場、終わりにしよう。

嫌われても、信頼を失っても、妬《ねた》まれても、
あなたがあなたに優しくすると、みんなもあなたに優しくするよ。
あなたがあなたを助けると（ラクさせると）、みんながあなたを助けてくれる。
あなたがあなたに厳しくすると、みんなもあなたに厳しくなる。

それが、世の中の仕組みなんです。

もっと、自分を信じて。あなたは、助けられていい人。
頑張らなくても、できなくても、助けられていい人だから。

今以上にもっと甘えていいんだ。人として終わるくらい甘えていいんだ。
ほんとは、世の中は豊かで、自由で、甘くて、優しいんだよ。
もっとあなたは、幸せに、豊かに、自由に輝いていいんだよー。

また、お会いしましょう。

心屋仁之助

心屋 仁之助（こころや・じんのすけ）

「自分の性格を変えることで問題を解決する」という「性格リフォーム」心理カウンセラー。19年間大手企業で働き管理職まで務めたが、自分や家族の問題がきっかけとなり、心理療法を学び始める。その後、自身の会社勤めの経験も活かしながら、心理カウンセラーとしてセミナーやカウンセリングを行う。主な著書に『「好きなこと」だけして生きていく。』『一生お金に困らない生き方』(以上、PHP研究所)、『いいかげんに、生きる』(朝日新聞出版)、『人間関係が「しんどい!」と思ったら読む本』(KADOKAWA)などがある。
現在は心理カウンセラーを卒業し、カウンセリングで生み出された「魔法の言葉」を歌にした「魔法の言葉シンガーソングライター」として音楽活動を行っている。(Jin佐伯仁志 Officialサイト Jin's Club https://www.muevo-com.jp/campaigns/265)
心理カウンセリング事業としての「心屋」は彼の意志を引き継いだ教え子たちに引き継がれている。(心屋　https://www.kokoro-ya.jp/)

文庫編集　上尾茶子
本文マンガ　まずりん
DTP　(株) ユニオンワークス

※本書は、2017年9月に小社より刊行した単行本『「つらいから、会社やめます」が言えないあなたへ』を改訂し、文庫化したものです。

宝島 SUGOI 文庫

「つらいから、会社やめます」が言えないあなたへ

（「つらいから、かいしゃやめます」がいえないあなたへ）

2024年3月20日　第1刷発行

著　者　心屋仁之助

発行人　関川 誠
発行所　株式会社 宝島社
〒102-8388　東京都千代田区一番町25番地
電話：営業 03(3234)4621／編集 03(3239)0927
https://tkj.jp
印刷・製本　株式会社広済堂ネクスト

First published 2017 by Takarajimasha, Inc.
ISBN 978-4-299-05328-2